MUG CAKES

MUG CAKES
süß & pikant

Das Beste aus Tassen!

INHALT

MUG CAKES UND MUG MEALS:
Köstlichkeiten tassenweise

Stellen Sie sich vor ...

... Ihre Freundin kommt spontan zum Kaffee vorbei und nichts Süßes ist im Haus!

... Sie haben Hunger auf eine herzhafte Kleinigkeit. Aber belegte Brote machen Sie gerade so gar nicht an ...

... es ist Sonntagmorgen, die Sonne scheint durchs Fenster herein und Sie möchten den Tag entspannt mit einem leckeren und besonderen Frühstück beginnen ...

... Sie sind mitten im Umzugsstress – aber die Mikrowelle steht noch.

Für solche und ähnliche Situationen gibt es in Form unserer süßen und pikanten Mug Cakes und Mug Meals die perfekte Lösung.

MUG CAKES - TASSENKUCHEN DER BESONDEREN ART

Mittlerweile hat sich die Bezeichnung Mug Cakes (Mug = engl. Tasse) für kleine Küchlein aus der Tasse fast schon eingebürgert. Dabei sind eben nicht die „Tassenkuchen" oder „Becherkuchen" gemeint, bei denen die Zutaten becherweise abgemessen und miteinander zu einem Teig gerührt werden, sondern kleine Leckereien, die in der Tasse serviert und in der Mikrowelle „gebacken" werden. Die Küchlein gibt es sowohl süß, als auch pikant – in diesem Buch präsentieren wir Ihnen eine leckere Auswahl.

Bei allen Küchlein ist für jedes Rezept die Backofenzubereitung angegeben, doch der besondere Clou ist natürlich die Zubereitung in der Mikrowelle. Die Küchlein werden einfach nacheinander bei 800 Watt rund 2 Minuten in die Mikrowelle gestellt – fertig ist der leckere Snack. Schneller und besser geht's einfach nicht!

Doch damit die Küchlein perfekt gelingen, sollten noch ein paar Dinge beachtet werden.

Wiegen statt probieren

Damit die kleinen Küchlein perfekt gelingen, sollten Sie die Küchenwaage zur Hand und von der „Pi-mal-Daumen"-Methode Abstand nehmen. 20 g mehr oder weniger einer Zutat können nämlich bei den kleinen Leckereien ziemlich viel ausmachen. Übrigens: Wenn im Rezept keine Gramm-Angaben gemacht werden, sondern von Tee- oder Esslöffeln die Rede ist, so ist damit immer ein ganz leicht gehäufter Löffel gemeint.

Die allermeisten Küchlein dieses Buches enthalten etwas Mehl und etwas Backpulver. Damit die Küchlein schön aufgehen, aber nicht über die Tasse hinauslaufen, empfiehlt es sich bei den kleinen Mengen pro Küchlein direkt eine größere Mehl-Backpulver-Mischung anzurühren. So erhalten Sie das ideale Mischungsverhältnis. In einem Vorratsglas verpackt hält sich die Mischung ebenso lange wie Mehl – und wenn Sie das nächste Mal Lust auf einen kleinen Snack haben, haben Sie schon alles griffbereit zusammengemischt.

Grundrezept für die Mehlmischung

Auf 240 g Mehl kommen 1 ½ Teelöffel Backpulver. Verrühren Sie erst das abgewogene Mehl und das Backpulver miteinander in einer Schüssel und geben Sie dann diese Mischung in ein Haarsieb. Sieben Sie anschließend alles in ein ausreichend großes Aufbewahrungsglas.

Hinweise zu den Rezepten

- Die Rezeptmengen reichen für zwei große Kaffeetassen. Beachten Sie, dass die Küchlein enorm hochsteigen und lassen Sie sich daher nicht von der Füllhöhe irritieren. Die Tassen sollten maximal zur Hälfte mit Teig gefüllt werden.

- Sie können beide Tassen zwar auch nebeneinander in die Mikrowelle stellen, jedoch verlängert sich dann die Backzeit und der Garvorgang wird unregelmäßiger. Geben Sie daher am besten die Tassen nacheinander in die Mikrowelle und halten Sie sich exakt an die im Rezept angegebenen Garzeiten.

- Ebenso schnell, wie die Küchlein gebacken sind, sollten Sie auch gegessen werden. Sie eignen sich nicht zur Vorratshaltung, sondern schmecken am allerbesten direkt nach dem Garen – die pikanten heiß, die süßen lauwarm.

- Beachten Sie, dass die verwendeten Tassen mikrowellen- oder alternativ backofengeeignet sind. Für die Mikrowelle gilt: kein Metall, also auch keine Tassen mit Goldrand o. Ä. Für den Backofen gilt: ofenfeste Materialien verwenden.

Auch das Auge isst mit

Zwar können die Mug Cakes auch gestürzt serviert werden – aufgrund ihrer hohen, schlanken Form machen sie sich jedoch am besten direkt in der Tasse. Richten Sie bei der Zubereitung Ihr Augenmerk daher auch auf das jeweilige Tassen-Design. Sie sollten optisch etwas hermachen und als Duo harmonieren.

Bei den vielen Rezeptfotos dieses Buches erhalten Sie Anregungen satt, wie die Küchlein am besten in Szene gesetzt werden. Sie können als optisches Highlight zum Beispiel neben einem auffälligen Muster auch kleine Bänder um die Tassen binden. Außerdem bildet ein Topping nicht nur geschmacklich, sondern oft auch optisch das Tüpfelchen auf dem i. Im letzten Kapitel finden Sie einige Topping-Vorschläge mit vielen Varianten, die Sie frei nach Gusto zu den Mug Cakes reichen können.

MUG MEALS - TASSENGERICHTE AUS DER MIKROWELLE

Auch Tassengerichte aus der Mikrowelle erleben gerade einen regelrechten Boom. Nicht nur, weil sie fast immer unglaublich schnell zubereitet sind und die schöne Tassengröße sättigt, ohne zu beschweren. Auch als Garmethode wird die Mikrowelle wieder geschätzt – schließlich ist die Mikrowellenenergie nährstoffschonend. Warum? Nichts geht so schnell wie das Garen in der Mikrowelle und für kaum eine andere Garmethode wird so wenig zusätzliches Wasser benötigt – das danken Ihnen viele Vitamine und Mineralstoffe.

Verschließen – aber richtig

Damit die Gerichte im eigenen Saft und Dampf garen, müssen Tassen und Schüsseln gut verschlossen werden. Am besten eignet sich beim Garen in der Tasse flexible Mikrowellenfolie, die Sie – sobald die Folie gespannt auf der Tasse liegt – mit der Gabel zweimal einstechen, damit der Dampf entweichen kann. Wichtig: Die Folie muss gespannt aufliegen und gut an den Seiten haften, damit nichts überläuft. Beim Vorab-Garen von Nudeln, Kartoffeln und Reis eignen sich spezielle Mikrowellen-Behälter am besten. Sie haben kleine Öffnungen für den Dampf, schließen aber ansonsten das Gefäß dicht ab.

Garzeiten und Wattzahl

Je höher die Wattzahl, desto kürzer die Garzeit. Dennoch sind für empfindliche Lebensmittel, wie zum Beispiel Fisch, geringere Wattzahlen empfehlenswert, damit das zarte Gargut nicht zerfällt. Oft ist es auch sinnvoll, mit einer hohen Wattzahl den Garvorgang zu starten und dann bei einer niedrigeren Wattzahl alles zu Ende zu garen. Halten Sie sich bei den Einstellungen an unsere Rezepte, dann kann gar nichts schiefgehen. Falls Sie höhere Wattzahlen verwenden, sollten Sie beim Umrühren auf jeden Fall das Gargut im Blick behalten und die Garzeit gegebenenfalls verkürzen.

Fast immer schneller

Durch die Mikrowellen-Energie wird das Wasser in den Lebensmitteln sehr schnell erhitzt und die Garzeit verkürzt sich gegenüber herkömmlichen Garmethoden deutlich. Anders sieht es bei trockenen Lebensmitteln aus. Reis oder Nudeln brauchen in der Mikrowelle ungefähr genauso lange wie im Kochtopf. Der Grund? Die Lebensmittel müssen sich erst mit Wasser vollsaugen und dieser Vorgang kann kaum beschleunigt werden. Allerdings gibt es, gerade beim Reis und beim Risotto einen klaren Vorteil gegenüber dem Kochtopf: Am Topfboden kann nichts ansetzen und alles gart gleichmäßig und ohne Rühren, denn schließlich kommt keine direkte Hitze von unten.

Grundrezepte

Viele unserer Gerichte sind komplett, so wie sie sind. Sie sind entweder für Ernährungsbewusste ein wunderbares Low-Carb-Essen, andere wiederum werden mit leckerem Brot gereicht oder enthalten bereits kohlenhydratreiche Bestandteile wie Reis oder Nudeln in den jeweiligen Tassen. Manche Rezepte allerdings, wie zum Beispiel asiatische Currys, schmecken oft am besten mit einer Reisbeilage. Daher erfahren Sie in der Folge die Grundrezepte für Reis, Nudeln und Kartoffeln, sodass Sie immer die Möglichkeit einer Sättigungsbeilage zu den Rezepten haben.

Reis

Die gewünschte Menge Reis in ein Sieb geben und gut abspülen. Dann die doppelte Menge Wasser im Wasserkocher aufkochen. Beides mit etwas Salz in eine mikrowellengeeignete, gut verschließbare Schüssel mit Dampföffnung geben. Die Mischung bei 800 Watt 4 Minuten garen, dabei einmal herausholen und umrühren. Anschließend bei 600 Watt weitere 10 Minuten garen lassen. Umrühren, wieder abdecken und noch ca. 3 Minuten abgedeckt ruhen lassen. Bei größeren Mengen kann sich die Garzeit etwas verlängern.

Nudeln

Die gewünschte Nudelmenge mit etwas Salz in ein gut schließendes, mikrowellengeeignetes Gefäß mit Dampföffnung geben. Die vierfache Wassermenge im

Wasserkocher aufkochen und zu den Nudeln gießen. Dann das Gefäß verschließen und die Nudeln bei 600 Watt 3 Minuten garen. Herausnehmen, umrühren, wieder abdecken und bei 450 Watt weitere 3 Minuten garen. Anschließend die Nudeln noch 3 Minuten ruhen lassen. Bei größeren Mengen kann sich die Garzeit etwas verlängern.

Salzkartoffeln

Die gewünschte Kartoffelmenge waschen, schälen und in Spalten schneiden. Die Kartoffeln in ein mikrowellengeeignetes Gefäß geben und mit Salzwasser knapp bedecken. Das Gefäß gut verschließen und alles bei 600 Watt ca. 7 Minuten garen. Die Garzeit ist abhängig von der Größe der Kartoffelstücke und der Gesamtmenge.

Pellkartoffeln

Die gewünschte Kartoffelmenge waschen und die Kartoffeln mit einer Gabel mehrfach anpiksen. Dann in ein mikrowellengeeignetes Gefäß legen. Falls die Kartoffeln ungleich groß sind, sollten die kleineren Kartoffeln nach innen, die größeren nach außen gelegt werden. Schließlich das Gefäß mit leicht gesalzenem Wasser auffüllen, sodass die Kartoffeln gut zur Hälfte im Wasser liegen. Das Gefäß gut verschließen. Bei

600 Watt 7 Minuten garen, anschließend ca. 5 Minuten ruhen lassen. Die Schüssel herausholen, alle Kartoffeln einmal wenden, alles wieder abdecken und weitere 7 Minuten bei 600 Watt garen. Anschließend prüfen, ob die Kartoffeln gar sind – und gegebenenfalls etwas länger bei 600 Watt zu Ende garen.

Nun aber ran an die Tassen! Viel Spaß mit unseren Rezepten und vor allem:

Guten Appetit!

SÜSSE MUG CAKES-
VERFÜHRERISCH FRUCHTIG

Feine
BLAUBEER-MUG-CAKES

**Für 2 Tassen
à ca. 220 ml**

40 g Blaubeeren
(ersatzweise TK)
30 g Butter
50 g Zucker
1 Päckchen Vanillezucker
1 Prise Salz
1 Ei (Größe L)
1 El saure Sahne
1/2 Tl abgeriebene Schale
von 1 unbehandelten Zitrone
60 g Mehl, mit Backpulver
versetzt
Butter für die Tassen

Zubereitungszeit: ca. 20 Minuten
Pro Tasse ca. 244 kcal/1019 kJ
3 g E, 13 g F, 26 g KH

1 Die Blaubeeren waschen und vorsichtig trocken tupfen. TK-Beeren auftauen lassen. Die Butter in eine Rührschüssel geben und bei 800 Watt für ca. 30 Sekunden in die Mikrowelle stellen, bis sie weich ist. Nun mit dem Handrührgerät Zucker, Vanillezucker und Salz darunterquirlen. Dann das Ei, die saure Sahne und die Zitronenschale dazugeben. Das Mehl darübersieben und alles verquirlen. Zum Schluss die Blaubeeren unterheben.

2 Zwei Tassen mit Butter einfetten. Den Teig auf die Tassen verteilen. Die Tassen bei 800 Watt nacheinander für ca. 2 Minuten 10 Sekunden in die Mikrowelle stellen. Herausnehmen und abkühlen lassen. Stürzen oder in der Tasse servieren. Besonders lecker schmeckt dazu ein cremiges, leichtes Icing (s. S. 221).

3 Bei der Zubereitung ohne Mikrowelle ofenfeste Tassen verwenden. Die Butter bei Zimmertemperatur weich werden lassen. Den Backofen auf 180 °C vorheizen und die Cakes auf der mittleren Schiene ca. 25 Minuten backen.

*Sooo süß!
Sooo lecker!*

KIRSCH-MUG-CAKES
mit Ingwer

**Für 2 Tassen
à ca. 220 ml**

50 g Kirschen
1 Msp. frisch geriebener
Ingwer
30 g Butter
1 Ei (Größe L)
55 g Zucker
1 Prise Salz
60 g Mehl, mit Backpulver
versetzt
Butter für die Tassen

Zubereitungszeit: ca. 20 Minuten
Pro Tasse ca. 244 kcal/1019 kJ
3 g E, 13 g F, 26 g KH

1 Die Kirschen waschen, trocknen und entsteinen. Mit dem Ingwer in eine Tasse geben und bei 800 Watt für ca. 30 Sekunden in die Mikrowelle stellen. Die Butter in eine zweite Tasse geben und bei 800 Watt für ca. 30 Sekunden in die Mikrowelle stellen.

2 Das Ei mit Zucker und Salz in eine Rührschüssel geben. Mit dem Handrührgerät schaumig schlagen. Die Butter darunterrühren. Das Mehl darübersieben und kurz unterrühren. Die Kirsch-Ingwer-Mischung unterheben.

3 Zwei Tassen mit Butter einfetten. Den Teig darauf verteilen. Bei 800 Watt für ca. 1 Minute 50 Sekunden in die Mikrowelle stellen. Herausholen, abkühlen lassen und in der Tasse servieren. Dazu schmeckt besonders gut das Mascarpone-Schäumchen (s. S. 222) oder eine Ganache mit dunkler Schokolade (s. S. 224).

4 Bei der Zubereitung ohne Mikrowelle ofenfeste Tassen verwenden. Die Butter bei Zimmertemperatur weich werden lassen. Kirschen und Ingwer in einen kleinen Topf geben und darin ca. 3 Minuten dünsten. Den Backofen auf 180 °C vorheizen und die Küchlein auf der mittleren Schiene ca. 25 Minuten backen.

So schmeckt
der Sommer!

PFIRSICH-MUG-CAKES
mit Streusel

**Für 2 Tassen
à ca. 220 ml**

1 Pfirsich
55 g weiche Butter
55 g Zucker
1 Prise Salz
1 Ei (Größe L)
60 g Mehl, mit Backpulver
versetzt
30 g Löffelbiskuits
Schlagsahne zum Garnieren
Butter für die Tassen

Zubereitungszeit: ca. 20 Minuten
Pro Tasse ca. 244 kcal/1019 kJ
3 g E, 13 g F, 26 g KH

*Yummy,
yummy!*

1 Den Pfirsich waschen, trocknen und das Frucht-fleisch vom Stein schneiden. Für die Mug Cakes 75 g abwiegen und würfeln.

2 40 g Butter mit dem Zucker und dem Salz mit dem Handrührgerät ca. 2 Minuten schaumig quirlen. Das Ei hinzugeben und das Mehl darübersieben. Das Pfirsichfruchtfleisch darunterheben.

3 Zwei Tassen mit Butter einfetten. Den Teig darauf verteilen. Für die Streusel die Löffelbiskuits mit der Küchenrolle zerkrümeln. Mit der restlichen Butter in eine Schale geben und bei 800 Watt für ca. 30 Se-kunden in die Mikrowelle stellen. Herausnehmen und mit der Gabel umrühren, sodass alle Krümel mit Butter überzogen sind. Die Mischung auf die Tassen verteilen. Die Cakes nacheinander bei 800 Watt für ca. 2 Minuten in die Mikrowelle stellen. Herausneh-men und in der Tasse vollständig erkalten lassen. Mit Schlagsahne garniert servieren.

4 Bei der Zubereitung ohne Mikrowelle ofenfeste Tassen verwenden. Die Butter in einer kleinen Pfanne zerlassen und die Löffelbiskuitkrümel hineinrühren. Den Backofen auf 180 °C vorheizen und die Küchlein auf der mittleren Schiene ca. 25 Minuten backen.

Saftige
APFEL-MUG-CAKES

Für 2 Tassen
à ca. 220 ml

1 Apfel
25 g Butter
1 Msp. Zimt
55 g brauner Zucker
1 Prise Salz
1 Ei (Größe L)
1 El gehackte Mandeln
60 g Mehl, mit Backpulver
versetzt
Schlagsahne zum Garnieren
Butter für die Tassen

Zubereitungszeit: ca. 20 Minuten
Pro Tasse ca. 244 kcal/1019 kJ
3 g E, 13 g F, 26 g KH

Davon kriegt man nicht genug!

1 Den Apfel waschen, trocknen, schälen und vierteln. Das Kerngehäuse entfernen und das Fruchtfleisch grob raspeln. Zusammen mit der Butter in eine Rührschüssel geben und bei 800 Watt für 50 Sekunden in die Mikrowelle stellen, sodass die Butter geschmolzen und der Apfel weich ist.

2 Die Apfel-Butter-Mischung durchrühren, dann Zimt, Zucker, Salz und das Ei darunterquirlen. Die gehackten Mandeln dazugeben und das Mehl darübersieben. Alles kurz miteinander verquirlen.

3 Zwei Tassen mit Butter einfetten. Den Teig auf die Tassen verteilen und diese nacheinander bei 800 Watt für ca. 2 Minuten in die Mikrowelle stellen. Herausnehmen und abkühlen lassen. Als Topping schmeckt Schlagsahne oder ein Mascarpone-Schäumchen (s. S. 222).

4 Bei der Zubereitung ohne Mikrowelle ofenfeste Tassen verwenden. Die Butter in einem kleinen Topf zerlassen und den geraspelten Apfel darin ca. 3 Minuten dünsten. Den Backofen auf 180 °C vorheizen und die Apfelküchlein auf der mittleren Schiene ca. 25 Minuten backen.

MOHN-MUG-CAKES
mit Cranberrys

**Für 2 Tassen
à ca. 220 ml**

1 El getrocknete Cranberrys
35 g Butter
1 Ei (Größe L)
60 g Mehl, mit Backpulver
versetzt
60 g Zucker
1 Prise Salz
1 Tl Mohnsamen
35 g saure Sahne
Butter für die Tassen

Zubereitungszeit: ca. 20 Minuten
Pro Tasse ca. 244 kcal/1019 kJ
3 g E, 13 g F, 26 g KH

1 Die getrockneten Cranberrys hacken. Die Butter in eine Rührschüssel geben und für ca. 40 Sekunden bei 800 Watt in der Mikrowelle schmelzen. Herausnehmen und das Ei mit den gehackten Cranberrys darunterquirlen.

2 Das Mehl darübersieben, dann Zucker, Salz und Mohnsamen hinzugeben. Zum Schluss die saure Sahne hinzufügen. Alles mit dem Handrührgerät verquirlen.

3 Zwei Tassen mit Butter einfetten. Den Teig auf die Tassen verteilen. Die Tassen nacheinander für ca. 1 Minute 55 Sekunden bei 800 Watt in der Mikrowelle backen. Herausnehmen und stürzen oder in der Tasse abkühlen lassen. Besonders lecker schmeckt dazu ein Vanille-Buttercreme-Topping (s. S. 227).

4 Bei der Zubereitung ohne Mikrowelle ofenfeste Tassen verwenden. Die Butter in einem kleinen Topf zerlassen. Den Backofen auf 180 °C vorheizen und die Cakes auf der mittleren Schiene ca. 25 Minuten backen.

Einfach
lecker!

RHABARBER-
Mug-Cakes

**Für 2 Tassen
à ca. 220 ml**

30 g Marzipan
45 g Rhabarber
20 g Butter
55 g Zucker
1 Prise Salz
1 Ei (Größe L)
1 El Milch
65 g Mehl, mit Backpulver
versetzt
Puderzucker zum Bestäuben
Butter für die Tassen

Zubereitungszeit: ca. 20 Minuten
Pro Tasse ca. 244 kcal/1019 kJ
3 g E, 13 g F, 26 g KH

1 Das Marzipan hacken. Den Rhabarber waschen, trocken tupfen, putzen und in kleine Würfel schneiden. In einer Tasse bei 800 Watt für ca. 30 Sekunden in die Mikrowelle stellen. Herausnehmen, dann Marzipan mit der Butter in eine Rührschüssel geben. Bei 800 Watt für ca. 1 Minute in die Mikrowelle stellen. Alles verrühren.

2 Zucker und Salz in die Marzipanmischung geben, dann das Ei. Die Mischung verquirlen. Die Milch hinzugeben und das Mehl darübersieben. Alles glatt verrühren. Zum Schluss den Rhabarber unterrühren.

3 Zwei Tassen mit Butter einfetten. Den Teig auf die Tassen verteilen. Nacheinander bei 800 Watt für ca. 2 Minuten in die Mikrowelle stellen. Herausnehmen und abkühlen lassen. Mit Puderzucker bestäubt servieren. Wer es cremiger mag, serviert die Küchlein mit einer Buttercreme (s. S. 227) oder einem Zitrus-Frischkäse-Topping (s. S. 218).

4 Bei der Zubereitung ohne Mikrowelle ofenfeste Tassen verwenden. Die Butter mit dem Marzipan in einem kleinen Topf erhitzen und verrühren. Den Rhabarber in einem zweiten Topf ca. 5 Minuten dünsten, dann vom Herd nehmen. Den Backofen auf 180 °C vorheizen und die Cakes auf der mittleren Schiene ca. 25 Minuten backen.

Lecker mit
Marzipan!

Fruchtig

Mug-Cakes
„PINA-COLADA"

**Für 2 Tassen
à ca. 220 ml**

2 El kandierte Ananas
2 El Kokosraspel
50 g Mehl, mit Backpulver
versetzt
55 g Zucker
1 Prise Salz
1 Ei (Größe L)
3 El Kokosnusslikör
(alkoholfreie Alternative:
Kokosmilch)
3 El Rapsöl
Butter für die Tassen

Zubereitungszeit: ca. 20 Minuten
Pro Tasse ca. 244 kcal/1019 kJ
3 g E, 13 g F, 26 g KH

1 Die kandierten Ananasstücke etwas kleiner hacken und mit den Kokosraspeln in einer Schüssel mischen. Das Mehl mit Zucker und Salz verrühren. Dann das Ei, den Kokosnusslikör und das Rapsöl hinzugeben. Alles mit dem Handrührgerät glatt rühren. Dann die Ananasstücke und die Kokosraspel unterrühren.

2 Zwei Tassen mit Butter einfetten. Den Teig auf die Tassen verteilen. Die Tassen nacheinander für etwa 2 Minuten bei 800 Watt in die Mikrowelle stellen. Nach Belieben stürzen oder in der Tasse servieren.

3 Als Topping passt eine mit Kokosnusslikör aromatisierte Buttercreme (s. S. 227).

4 Bei der Zubereitung ohne Mikrowelle ofenfeste Tassen verwenden. Den Ofen auf 180 °C vorheizen und die Cakes auf der mittleren Schiene ca. 25 Minuten backen.

Pures Glück
in Tassen!

BIRNEN-MUG-CAKES
mit Rum

**Für 2 Tassen
à ca. 220 ml**

1 El Rosinen
1 El Rum
1 kleine, reife Birne
30 g Butter
1 Ei (Größe L)
50 g Zucker
1 Prise Salz
60 g Mehl, mit Backpulver
versetzt
10 g Haferflocken
Butter für die Tassen

Zubereitungszeit: ca. 20 Minuten
Pro Tasse ca. 244 kcal/1019 kJ
3 g E, 13 g F, 26 g KH

*Kernig mit
Haferflocken.*

1 Rosinen mit Rum und 1 Esslöffel Wasser bei 800 Watt für ca. 30 Sekunden in die Mikrowelle stellen. Herausnehmen und ca. 8 Minuten ziehen lassen.

2 Die Birne schälen und vierteln. Das Kerngehäuse entfernen und das Fruchtfleisch würfeln. 60 g abmessen. In einer Tasse bei 800 Watt für ca. 30 Sekunden in die Mikrowelle stellen.

3 Die Butter in einer Rührschüssel bei 800 Watt für ca. 40 Sekunden schmelzen. Mit Ei, Zucker und Salz schaumig schlagen. Das Mehl und die Haferflocken zugeben. Alles verquirlen. Die Birnen und die Rosinen unterheben.

4 Zwei Tassen mit Butter einfetten. Den Teig darauf verteilen und nacheinander bei 800 Watt für ca. 2 Minuten in die Mikrowelle stellen. Herausnehmen, abkühlen lassen und servieren. Als Topping passt eine Ganache mit weißer Schokolade (s. S. 224).

5 Bei der Zubereitung ohne Mikrowelle ofenfeste Tassen verwenden. Die Rosinen mit Rum und Wasser in einem kleinen Topf erhitzen, dann in eine Tasse füllen und darin ziehen lassen. Die Butter zerlassen, dann in eine Rührschüssel füllen. Die Birnenstücke ca. 3 Minuten dünsten. Vom Herd nehmen. Den Backofen auf 180 °C vorheizen und die Cakes auf der mittleren Schiene ca. 25 Minuten backen.

Fruchtig

BANANEN-MUG-CAKES
mit Erdnüssen

**Für 2 Tassen
à ca. 220 ml**

1/2 reife Banane
1 Tl Zitronensaft
1 Ei (Größe L)
1 El Rapsöl
2 El Buttermilch
50 g brauner Zucker
1 Päckchen Vanillezucker
1 Prise Salz
1 El ungesalzene, gehackte
Erdnüsse
60 g Mehl, mit Backpulver
versetzt
1 Prise Zimt
Butter für die Tassen

Zubereitungszeit: ca. 20 Minuten
Pro Tasse ca. 244 kcal/1019 kJ
3 g E, 13 g F, 26 g KH

1 Die Banane mit dem Zitronensaft in eine Rührschüssel geben und mit der Gabel zerdrücken. Ei und Rapsöl hinzugeben. Mit dem Handrührgerät verquirlen. Dann die Buttermilch mit dem Zucker, dem Vanillezucker und dem Salz dazuquirlen. Die Erdnüsse dazugeben, das Mehl und die Prise Zimt darübersieben und alles miteinander verquirlen.

2 Zwei Tassen mit Butter einfetten. Den Teig auf die Tassen verteilen. Nacheinander bei 800 Watt für ca. 2 Minuten in die Mikrowelle stellen. Herausnehmen, abkühlen lassen und zum Beispiel mit einem Buttercreme-Topping servieren (s. S. 227).

3 Bei der Zubereitung ohne Mikrowelle ofenfeste Tassen verwenden. Den Backofen auf 180 °C vorheizen und die Küchlein auf der mittleren Schiene ca. 25 Minuten backen.

Originell &
fluffig!

ERDBEER-MUG-CAKES
mit Sahne

**Für 2 Tassen
à ca. 220 ml**

1 Ei (Größe L)
1 Päckchen Vanillezucker
40 g Puderzucker
1 Prise Salz
2 El heiße Milch
45 g Mehl, mit Backpulver
versetzt
20 g Butter
3 große Erdbeeren
2 El Ricotta
1 Tl Zucker
1 Tl Erdbeersirup nach
Belieben
50 ml Schlagsahne zum
Bestreichen
2 Erdbeeren zum Dekorieren
Butter für die Tassen

Zubereitungszeit: ca. 20 Minuten
Pro Tasse ca. 244 kcal/1019 kJ
3 g E, 13 g F, 26 g KH

**Mit Sirup
& Ricotta.**

1 Das Ei mit Vanillezucker, Puderzucker, Salz und Milch dick-schaumig aufschlagen. Das Mehl darübersieben. Die Butter in eine Tasse geben und für 30 Sekunden bei 800 Watt in die Mikrowelle stellen. Zum Teig quirlen.

2 Zwei Tassen mit Butter einfetten. Den Teig auf die Tassen verteilen. Die Tassen bei 800 Watt für ca. 1 Minute 40 Sekunden nacheinander in die Mikrowelle stellen. Dann herausnehmen und auf ein Kuchengitter stürzen. Vollständig abkühlen lassen.

3 Die Erdbeeren waschen, trocken tupfen, putzen und würfeln. Den Ricotta mit dem Zucker cremig rühren. Dann die Erdbeerstücke und nach Belieben den Sirup darunterrühren.

4 Die Biskuits quer halbieren und die Erdbeercreme darauf verteilen. Die obere Hälfte wieder daraufsetzen. Die Törtchen mit Schlagsahne überziehen und mit je 1 Erdbeere dekorieren.

5 Bei der Zubereitung ohne Mikrowelle ofenfeste Tassen verwenden. Die Butter in einem kleinen Topf zerlassen. Den Backofen auf 180 °C vorheizen und die Cakes auf der mittleren Schiene ca. 20 Minuten backen.

APFEL-MUG-CAKES
mit Pistazien

Für 2 Tassen
à ca. 220 ml

30 g gehackte Pistazien
55 g Zucker
1 Apfel
30 g Butter
1 Ei (Größe L)
1 Prise Salz
60 g Mehl, mit Backpulver
versetzt
1 Prise Zimt
Butter für die Tassen
und das Backpapier

Zubereitungszeit: ca. 20 Minuten
Pro Tasse ca. 244 kcal/1019 kJ
3 g E, 13 g F, 26 g KH

Mmmh!
Lecker!

1 Die Pistazien mit Zucker in einer Pfanne gold-gelb karamellisieren. Auf eingebuttertes Backpapier streichen und auskühlen lassen. Dann hacken.

2 Den Apfel waschen, trocknen, schälen und vier-teln. Das Kerngehäuse entfernen und das Frucht-fleisch klein würfeln. 60 g abmessen und in eine Schale geben. Bei 800 Watt für ca. 30 Sekunden in die Mikrowelle stellen. Die Butter in eine Rührschüs-sel geben und für ca. 40 Sekunden bei 800 Watt in der Mikrowelle schmelzen.

3 Das Ei verquirlen, dann Butter mit Salz und Pista-zienkrokant dazuquirlen. Das Mehl mit dem Zimt da-rübersieben, kurz unterrühren und den Teig auf zwei mit Butter eingefettete Tassen verteilen.

4 Die Tassen nacheinander bei 800 Watt für ca. 1 Mi-nute 50 Sekunden in die Mikrowelle stellen. Heraus-nehmen und abkühlen lassen. Dazu schmeckt Schlag-sahne oder ein Buttercreme-Topping (s. S. 227).

5 Bei der Zubereitung ohne Mikrowelle ofenfeste Tassen verwenden. Die Apfelstücke in einen kleinen Topf geben und kurz andünsten. Die Butter in einem kleinen Topf zerlassen. Den Backofen auf 180 °C vor-heizen und die Küchlein auf der mittleren Schiene ca. 25 Minuten backen.

APRIKOSEN-MUG-CAKES
mit Ingwer

**Für 2 Tassen
à ca. 220 ml**

1 Ei (Größe L)
1 El mildes Olivenöl
55 g Zucker
1 Päckchen Vanillezucker
1 Prise Salz
60 g Mehl, mit Backpulver
versetzt
2 reife Aprikosen
2 El kandierter Ingwer
Puderzucker zum Bestäuben
Butter für die Tassen

Zubereitungszeit: ca. 20 Minuten
Pro Tasse ca. 244 kcal/1019 kJ
3 g E, 13 g F, 26 g KH

1 Das Ei mit dem Olivenöl in eine Rührschüssel geben und mit dem Handrührgerät verquirlen. Den Zucker, den Vanillezucker und das Salz hinzufügen. Ebenfalls darunterquirlen. Dann das Mehl darübersieben und kurz unterrühren.

2 Die Aprikosen waschen, trocknen, entsteinen, das Fruchtfleisch würfeln und 60 g für die Cakes abwiegen. Den kandierten Ingwer hacken. Beides unter den Teig heben. Zwei Tassen mit Butter einfetten und den Teig darauf verteilen. Die Tassen nacheinander bei 800 Watt für ca. 2 Minuten in die Mikrowelle stellen. Herausnehmen, abkühlen lassen und mit Puderzucker bestäubt servieren.

3 Wer möchte, kann natürlich auch ein Topping dazureichen. Besonders lecker schmeckt das Zitrus-Frischkäse-Topping (s. S. 218) oder ein Icing mit untergehobenen Beeren (s. S. 221).

4 Bei der Zubereitung ohne Mikrowelle ofenfeste Tassen verwenden. Den Backofen auf 180 °C vorheizen und die Küchlein auf der mittleren Schiene etwa 25 Minuten backen.

Zuckersüße
Grüße!

HIMBEER-MUG-CAKES
mit Minze

**Für 2 Tassen
à ca. 220 ml**

45 g Himbeeren
1 Ei (Größe L)
55 g Zucker
1 Päckchen Vanillezucker
1 Prise Salz
2 El Rapsöl
60 g Mehl, mit Backpulver
versetzt
1 El frisch gehackte Min-
zeblättchen
2 Tl Himbeerlikör zum
Beträufeln
Puderzucker zum Bestäuben
Butter für die Tassen

Zubereitungszeit: ca. 20 Minuten
Pro Tasse ca. 244 kcal/1019 kJ
3 g E, 13 g F, 26 g KH

1 Die Himbeeren in ein Sieb geben, abspülen und abtropfen lassen. Dann auf Küchenkrepp geben und vorsichtig trocken tupfen.

2 Das Ei mit Zucker, Vanillezucker und Salz in eine Rührschüssel geben. Mit dem Handrührgerät dick-schaumig aufschlagen, bis die Masse hellgelb ist. Das Rapsöl hinzugießen und unterrühren. Das Mehl darübersieben, ebenfalls kurz unterrühren. Zum Schluss die Himbeeren und die Minzeblättchen unterheben.

3 Zwei Tassen mit Butter einfetten. Den Teig auf die Tassen verteilen und diese bei 800 Watt für ca. 1 Minute 50 Sekunden nacheinander in die Mikrowelle stellen. Herausnehmen und noch heiß mit jeweils 1 Teelöffel Himbeerlikör beträufeln. Abkühlen lassen und mit Puderzucker bestäubt servieren.

4 Bei der Zubereitung ohne Mikrowelle ofenfeste Tassen verwenden. Den Backofen auf 180 °C vorheizen und die Küchlein auf der mittleren Schiene etwa 25 Minuten backen.

Erfrischend & aromatisch!

SÜSSE MUG CAKES MIT SCHOKOLADE & NUSS

TRÜFFEL-MUG-CAKES
mit Praline

**Für 2 Tassen
à ca. 220 ml**

55 g Zucker
1 Prise Salz
20 g Kakaopulver
40 g Mehl, mit Backpulver
versetzt
3 El Milch
3 El Rapsöl
1 Ei (Größe L)
1 Trüffelpraline
Preiselbeeren aus dem Glas
nach Belieben
Butter für die Tassen

Zubereitungszeit: ca. 20 Minuten
Pro Tasse ca. 244 kcal/1019 kJ
3 g E, 13 g F, 26 g KH

1 Zucker, Salz, Kakaopulver und Mehl in einer Rührschüssel verrühren. Milch, Öl und Ei hinzugeben und alles glatt verquirlen.

2 Die Tassen mit Butter ausstreichen. Den Teig darauf verteilen. Die Trüffelpraline halbieren. Die Tassen nacheinander in die Mikrowelle stellen und bei 800 Watt ca. 1 Minute 50 Sekunden garen. Direkt vor dem Garen in der Mikrowelle je 1/2 Praline auf den Teig geben.

3 Die Cakes herausnehmen, abkühlen lassen und in der Tasse servieren. Besonders lecker schmeckt dazu dunkle Schoko-Ganache (s. S. 224) und 1 Klecks Preiselbeeren aus dem Glas.

4 Bei der Zubereitung im Backofen ofenfeste Tassen verwenden. Den Ofen auf 180 °C vorheizen und die Cakes auf der mittleren Schiene ca. 25 Minuten backen.

Zum Reinlegen!

COGNAC-MUG-CAKES
mit Haselnüssen

Für 2 Tassen
à ca. 220 ml

2 El gehackte Haselnüsse
30 g Butter
55 g Zucker
1 Prise Salz
1 Ei (Größe L)
50 g Mehl, mit Backpulver
versetzt
1 El Kakaopulver
3 El Cognac
Butter für die Tassen

Zubereitungszeit: ca. 20 Minuten
Pro Tasse ca. 244 kcal/1019 kJ
3 g E, 13 g F, 26 g KH

Zum
Vernaschen!

1 Die Haselnüsse in einer Pfanne ohne Fett goldgelb rösten. Die Butter in eine Rührschüssel geben und bei 800 Watt für ca. 30 Sekunden in die Mikrowelle stellen, bis sie weich ist. Herausnehmen und Zucker und Salz hinzufügen.

2 Die Buttermischung ca. 2 Minuten schaumig schlagen, dann das Ei darunterquirlen. Das Mehl mit dem Kakaopulver darübersieben. Zusammen mit dem Cognac und den gehackten Haselnüssen kurz unterrühren.

3 Zwei Tassen mit Butter einfetten. Den Teig auf die Tassen verteilen. Nacheinander bei 800 Watt für ca. 1 Minute 50 Sekunden in die Mikrowelle stellen. Herausnehmen und stürzen oder in der Tasse abkühlen lassen. Sehr lecker dazu schmeckt eine Ganache aus Zartbitterschokolade (s. S. 224).

4 Für die Zubereitung ohne Mikrowelle ofenfeste Tassen verwenden. Die Butter bei Zimmertemperatur weich werden lassen. Den Ofen auf 180 °C vorheizen und die Cakes auf der mittleren Schiene ca. 25 Minuten backen.

Mit Schoko & Nuss

MANDEL-MUG-CAKES
mit Buttermilch

**Für 2 Tassen
à ca. 220 ml**

45 g Mehl, mit Backpulver
versetzt
55 g Zucker
1 Prise Salz
1 Ei (Größe L)
3 El Buttermilch
3 El Rapsöl
20 g gemahlene Mandeln
1 El gehackte Mandeln
Butter für die Tassen

Zubereitungszeit: ca. 20 Minuten
Pro Tasse ca. 244 kcal/1019 kJ
3 g E, 13 g F, 26 g KH

1 Mehl mit Zucker und Salz verrühren. Dann das Ei, die Buttermilch und das Rapsöl hinzugeben. Alles mit dem Handrührgerät glatt rühren. Die gemahlenen Mandeln und die gehackten Mandeln hinzugeben. Alles kurz verquirlen.

2 Zwei Tassen mit Butter einfetten. Den Teig auf die Tassen verteilen. Jede Tasse für ca. 1 Minute 50 Sekunden bei 800 Watt in die Mikrowelle stellen. Nach Belieben stürzen oder in der Tasse servieren. Als Topping passt ein leichtes Vanille-Icing besonders gut (s. S. 221).

3 Bei der Zubereitung im Backofen ofenfeste Tassen verwenden. Den Ofen auf 180 °C vorheizen und die Cakes auf der mittleren Schiene ca. 25 Minuten backen.

Saftig mit Rapsöl.

Saftige
RÜBLI-MUG-CAKES

**Für 2 Tassen
à ca. 220 ml**

1 kleine Möhre
1 Ei (Größe L)
2 El Rapsöl
1 El Orangensaft
55 g Zucker
1 Päckchen Vanillezucker
1 Prise Salz
2 El gemahlene Haselnüsse
1/2 El Kirschwasser
1 Prise Zimt
1 Prise gemahlener Ingwer
50 g Mehl, mit Backpulver
versetzt
Puderzucker zum Bestäuben
Zuckermöhren zum Garnieren
Butter für die Tassen

Zubereitungszeit: ca. 20 Minuten
Pro Tasse ca. 244 kcal/1019 kJ
3 g E, 13 g F, 26 g KH

1 Die Möhre waschen, trocknen, putzen und schälen. Auf der Gemüsereibe fein raspeln und für die Cakes 50 g abwiegen.

2 Das Ei mit dem Rapsöl, dem Orangensaft, dem Zucker, Vanillezucker und Salz in eine Rührschüssel geben und mit dem Handrührgerät ca. 2 Minuten verquirlen. Haselnüsse und Kirschwasser dazugeben und darunterquirlen. Zum Schluss Zimtpulver, Ingwerpulver und das Mehl darübersieben. Kurz unterrühren, dann die Möhrenraspel unterheben.

3 Zwei Tassen mit Butter einfetten. Den Teig auf die Tassen verteilen. Nacheinander bei 800 Watt ca. 2 Minuten 10 Sekunden in die Mikrowelle stellen. Herausnehmen und stürzen oder in der Tasse abkühlen lassen. Mit Puderzucker bestäuben und mit je 1 Zuckermöhre garniert servieren.

4 Bei der Zubereitung im Backofen ofenfeste Tassen verwenden. Den Ofen auf 180 °C vorheizen und die Cakes auf der mittleren Schiene ca. 25 Minuten backen.

Klassiker mal anders!

MUG-CAKES
mit Schokosplittern

**Für 2 Tassen
à ca. 220 ml**

25 g Zartbitterschokolade
30 g Butter
1 Vanilleschote
55 g Zucker
1 Prise Salz
1 Ei (Größe L)
2 El Milch
1 El saure Sahne
60 g Mehl, mit Backpulver
versetzt
Butter für die Tassen

Zubereitungszeit: ca. 20 Minuten
Pro Tasse ca. 244 kcal/1019 kJ
3 g E, 13 g F, 26 g KH

*Macht gute
Laune!*

1 Die Zartbitterschokolade fein hacken. Die Butter in eine Rührschüssel geben und für ca. 30 Sekunden bei 800 Watt in der Mikrowelle weich werden lassen.

2 Die Vanilleschote längs aufschneiden, das Mark herauskratzen. Mit Zucker und Salz zur Butter geben und mit dem Handrührgerät schaumig quirlen. Das Ei darunterquirlen. Die Milch und die saure Sahne hinzuquirlen, dann das Mehl darübersieben. Kurz unterrühren und zum Schluss die Schokosplitter unterheben.

3 Zwei Tassen mit Butter einfetten. Den Teig auf die Tassen verteilen. Nacheinander bei 800 Watt für ca. 1 Minute 50 Sekunden in die Mikrowelle stellen. Herausnehmen und stürzen oder in der Tasse abkühlen lassen. Dazu schmeckt Schlagsahne, die mit etwas Schokosauce beträufelt ist.

4 Für die Zubereitung ohne Mikrowelle ofenfeste Tassen verwenden. Die Butter bei Zimmertemperatur weich werden lassen. Den Backofen auf 180 °C vorheizen und die Cakes auf der mittleren Schiene ca. 25 Minuten backen.

KOKOS-MUG-CAKES
mit Zitrone

**Für 2 Tassen
à ca. 220 ml**

1 Ei (Größe L)
3 El Kokosmilch
3 El Rapsöl
55 g Zucker
1 Prise Salz
30 g Kokosraspel
1/2 Tl abgeriebene Schale
von 1 unbehandelten Zitrone
40 g Mehl, mit Backpulver
versetzt
Butter für die Tassen

Zubereitungszeit: ca. 20 Minuten
Pro Tasse ca. 244 kcal/1019 kJ
3 g E, 13 g F, 26 g KH

1 Das Ei in eine Rührschüssel geben. Kokosmilch und Rapsöl hinzugießen, dann Zucker und Salz dazugeben. Alles mit dem Handrührgerät ca. 2 Minuten verquirlen. Dann die Kokosraspel und die Zitronenschale hinzugeben und unterrühren.

2 Das Mehl darübersieben und kurz unterrühren. Zwei Tassen mit Butter einfetten und den Teig darauf verteilen. Die Tassen nacheinander bei 800 Watt für ca. 1 Minute 50 Sekunden in die Mikrowelle stellen. Herausnehmen und stürzen oder in der Tasse servieren.

3 Besonders lecker dazu schmeckt ein Vanille-Frischkäse-Frosting (s. S. 218). Außerdem können die Mug Cakes mit einem größeren Kokoschip garniert werden.

4 Bei der Zubereitung im Backofen ofenfeste Tassen verwenden. Den Ofen auf 180 °C vorheizen und die Cakes auf der mittleren Schiene ca. 25 Minuten backen.

Einfach
yummy!

SCHOKO-MUG-CAKES
mit Rotwein

**Für 2 Tassen
à ca. 220 ml**

30 g Butter
50 g Zucker
1 Päckchen Vanillezucker
1 Prise Salz
1 Ei (Größe L)
3 El Rotwein
50 g Mehl, mit Backpulver
versetzt
1 El Kakaopulver
1 Prise Zimt
2 El Schokostreusel
Puderzucker zum Bestäuben
Butter für die Tassen

Zubereitungszeit: ca. 20 Minuten
Pro Tasse ca. 244 kcal/1019 kJ
3 g E, 13 g F, 26 g KH

1 Die Butter in einer Rührschüssel bei 800 Watt für ca. 30 Sekunden in die Mikrowelle stellen, bis sie weich ist. Den Zucker, den Vanillezucker und das Salz dazugeben. Mit dem Handrührgerät schaumig quirlen. Das Ei dazugeben, den Rotwein dazugeben und alles verquirlen.

2 Das Mehl mit dem Kakao und dem Zimt über den Teig sieben. Zusammen mit den Schokostreuseln darunterrühren. Zwei Tassen mit Butter einfetten. Den Teig auf die Tassen verteilen und diese nacheinander bei 800 Watt für ca. 1 Minute 50 Sekunden in die Mikrowelle stellen. Herausnehmen und stürzen oder in der Tasse abkühlen lassen. Mit Puderzucker bestäubt servieren und dazu nach Belieben Schlagsahne oder eine Ganache (s. S. 224) reichen.

3 Bei der Zubereitung ohne Mikrowelle ofenfeste Tassen verwenden. Die Butter bei Zimmertemperatur weich werden lassen. Den Ofen auf 180 °C vorheizen und die Cakes auf der mittleren Schiene ca. 25 Minuten backen.

Löffelweise
Genuss!

SCHOKO-MUG-CAKES
mit Walnusskrokant

**Für 2 Tassen
à ca. 220 ml**

50 g Walnüsse
30 g Zartbitterschokolade
20 g Butter
80 g Zucker
1 Prise Salz
1 Ei (Größe L)
3 El Milch
50 g Mehl, mit Backpulver
versetzt
Puderzucker zum Bestäuben
Schlagsahne zum Servieren
Butter für die Tassen und
das Backpapier

Zubereitungszeit: ca. 20 Minuten
Pro Tasse ca. 244 kcal/1019 kJ
3 g E, 13 g F, 26 g KH

1 Für den Krokant die Walnüsse grob hacken. 25 g Zucker in einer Pfanne zerlassen und die Nüsse darin goldgelb karamellisieren. Sofort auf mit Butter bestrichenes Backpapier streichen und erkalten lassen. Dann nicht zu fein hacken.

2 Für den Teig die Zartbitterschokolade hacken. Mit der Butter in einer Rührschüssel bei 800 Watt für ca. 1 Minute in die Mikrowelle stellen, bis alles flüssig ist. Mit restlichem Zucker, Salz und Ei schaumig quirlen. Dann die Milch dazurühren.

3 Das Mehl darübersieben und kurz rühren. Dann die Hälfte des Krokants unterheben. Zwei Tassen mit Butter einfetten. Den Teig darauf verteilen. Nacheinander bei 800 Watt für ca. 1 Minute 50 Sekunden in die Mikrowelle stellen. Herausnehmen, stürzen und vollständig abkühlen lassen.

4 Die Cakes mit Puderzucker bestäuben. Den restlichen Krokant unter Schlagsahne heben und zu dem Cakes servieren.

5 Für die Zubereitung ohne Mikrowelle ofenfeste Tassen verwenden. Die Butter und die Schokolade im Wasserbad schmelzen. Den Ofen auf 180 °C vorheizen und die Küchlein auf der mittleren Schiene ca. 25 Minuten backen.

Mit Crunch!

Mit Schoko & Nuss

ESPRESSO-MUG-CAKES
mit Haselnüssen

**Für 2 Tassen
à ca. 220 ml**

3 El Milch
2 Tl Instant-Espressopulver
1 Ei (Größe L)
3 1/2 El Rapsöl
55 g Zucker
1 Prise Salz
50 g Mehl, mit Backpulver
versetzt
1 El Kakaopulver
20 g gemahlene Haselnüsse
Butter für die Tassen

Zubereitungszeit: ca. 20 Minuten
Pro Tasse ca. 244 kcal/1019 kJ
3 g E, 13 g F, 26 g KH

1 Die Milch in eine Tasse geben und bei 800 Watt für ca. 50 Sekunden in der Mikrowelle erhitzen. Herausnehmen und das Espressopulver hineinrühren.

2 Das Ei mit dem Rapsöl, dem Zucker und dem Salz in eine Rührschüssel geben. Mit dem Handrührgerät verquirlen. Dann die Espresso-Milch darunterrühren. Mehl mit Kakaopulver darübersieben, die gemahlenen Haselnüsse dazugeben und alles kurz verquirlen.

3 Zwei Tassen mit Butter einfetten. Den Teig auf die Tassen verteilen. Die Cakes nacheinander bei 800 Watt für ca. 1 Minute 50 Sekunden in die Mikrowelle stellen. Herausnehmen und stürzen oder in der Tasse abkühlen lassen. Sehr lecker dazu ist eine Ganache mit dunkler Schokolade (s. S. 224).

4 Bei der Zubereitung ohne Mikrowelle die Milch in einem kleinen Topf erhitzen und das Espressopulver darin auflösen. Den Backofen auf 180 °C vorheizen. Die Cakes auf der mittleren Schiene ca. 25 Minuten backen.

Feiner
Wachmacher!

DUNKLE MUG-CAKES
mit Joghurt

**Für 2 Tassen
à ca. 220 ml**

40 g Zartbitterschokolade
10 g Butter
1 Ei (Größe L)
3 El Joghurt
30 g Zucker
1 Päckchen Vanillezucker
1 Prise Salz
60 g Mehl, mit Backpulver
versetzt
Puderzucker zum Bestäuben
Butter für die Tassen

Zubereitungszeit: ca. 20 Minuten
Pro Tasse ca. 244 kcal/1019 kJ
3 g E, 13 g F, 26 g KH

Traumhaft
lecker!

1 Die Zartbitterschokolade hacken. Mit der Butter in eine Schale geben und bei 800 Watt für ca. 1 Minute in die Mikrowelle stellen, bis alles geschmolzen ist. Mit einer Gabel glatt rühren.

2 Das Ei mit dem Joghurt, dem Zucker, Vanillezucker und Salz in eine Rührschüssel geben. Mit dem Handrührgerät schaumig aufschlagen. Dann die Schokoladen-Butter-Mischung hinzugießen und dabei ständig weiterquirlen. Das Mehl darübersieben und kurz unterrühren.

3 Zwei Tassen mit Butter einfetten. Den Teig auf die Tassen verteilen und die Cakes bei 800 Watt nacheinander für ca. 1 Minute 50 Sekunden in die Mikrowelle stellen. Herausnehmen, stürzen oder in der Tasse abkühlen lassen. Sehr lecker schmeckt dazu Schlagsahne oder auch eine dunkle Ganache mit untergehobenen Beeren (s. S. 224).

4 Für die Zubereitung ohne Mikrowelle ofenfeste Tassen verwenden. Die Butter und die Schokolade im Wasserbad schmelzen. Den Backofen auf 180 °C vorheizen und die Küchlein auf der mittleren Schiene ca. 25 Minuten backen.

Mit Schoko & Nuss

CASHEW-MUG-CAKES
mit Bananenchips

**Für 2 Tassen
à ca. 220 ml**

30 g Butter
55 g Zucker
1 Prise Salz
1 Ei (Größe L)
1 El saure Sahne
2 El Milch
1 El getrocknete Bananen-chips
2 El Cashewkerne
60 g Mehl, mit Backpulver versetzt
Orangenlikör zum Beträufeln
Butter für die Tassen

Zubereitungszeit: ca. 20 Minuten
Pro Tasse ca. 244 kcal/1019 kJ
3 g E, 13 g F, 26 g KH

1 Die Butter in einer Rührschüssel bei 800 Watt für ca. 30 Sekunden in die Mikrowelle stellen, bis sie weich ist. Herausnehmen, dann mit Zucker, Salz und Ei schaumig schlagen.

2 Die saure Sahne und die Milch zur Eimischung geben. Die Bananenchips und die Cashewkerne hacken und dazugeben. Alles unterrühren. Zum Schluss das Mehl darübersieben. Alles kurz unterrühren.

3 Zwei Tassen mit Butter einfetten. Den Teig darauf verteilen. Die Cakes nacheinander bei 800 Watt für ca. 1 Minute 50 Sekunden in die Mikrowelle stellen. Herausnehmen und stürzen oder in der Tasse belassen. Noch warm mit etwas Orangenlikör beträufeln. Dann vollständig abkühlen lassen. Dazu schmeckt ein Buttercreme-Topping besonders gut (s. S. 227).

4 Bei der Zubereitung ohne Mikrowelle die Butter bei Zimmertemperatur weich werden lassen. Den Backofen auf 180 °C vorheizen und die Küchlein auf der mittleren Schiene ca. 25 Minuten backen.

Verführung pur!

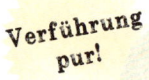

ERDNUSS-MUG-CAKES
mit Haferflocken

**Für 2 Tassen
à ca. 220 ml**

1 El Haferflocken
2 El Joghurt
2 El ungesalzene Erdnüsse
1 Prise Salz
30 g Erdnussbutter
1 Ei (Größe L)
55 g brauner Zucker
1 El Milch
50 g Mehl, mit Backpulver
versetzt
Butter für die Tassen

Zubereitungszeit: ca. 20 Minuten
Pro Tasse ca. 244 kcal/1019 kJ
3 g E, 13 g F, 26 g KH

*Zum
Vernaschen!*

1 Die Haferflocken mit dem Joghurt verrühren und ca. 10 Minuten quellen lassen. Die Erdnüsse grob hacken und mit dem Salz in eine Pfanne geben. Ohne Fettzugabe goldgelb rösten. Dann vom Herd nehmen. Die Erdnussbutter in eine Rührschüssel geben und bei 800 Watt für ca. 30 Sekunden in die Mikrowelle stellen, bis sie weich ist.

2 Das Ei zur Erdnussbutter geben und mit dem Handrührgerät schaumig quirlen. Den braunen Zucker hinzufügen und die Haferflockenmischung mit der Milch darunterquirlen. Dann das Mehl darübersieben und kurz unterrühren. Die Hälfte der Erdnüsse ebenfalls unterheben.

3 Zwei Tassen mit Butter einfetten und den Teig darauf verteilen. Die restlichen Erdnüsse darüberstreuen. Die Cakes nacheinander bei 800 Watt für ca. 1 Minute 50 Sekunden in die Mikrowelle stellen. Herausnehmen und in der Tasse abkühlen lassen. Mit einem leichten Icing (s. S. 221) oder einer Ganache aus weißer Schokolade (s. S. 224) servieren.

4 Bei der Zubereitung ohne Mikrowelle die Erdnussbutter bei Zimmertemperatur weich werden lassen. Den Backofen auf 180 °C vorheizen und die Küchlein auf der mittleren Schiene ca. 25 Minuten backen.

Mit Schoko & Nuss

Schokoladige
MOHN-MUG-CAKES

Für 2 Tassen
à ca. 220 ml

3 El Milch
2 El gemahlene Mohnsamen
30 g Zartbitterschokolade
20 g Butter
55 g Zucker
1 Prise Salz
1 Ei (Größe L)
40 g Mehl, mit Backpulver
versetzt
Preiselbeeren aus dem Glas
zum Servieren
Butter für die Tassen

Zubereitungszeit: ca. 20 Minuten
Pro Tasse ca. 244 kcal/1019 kJ
3 g E, 13 g F, 26 g KH

**Süßes
Glück!**

1 Die Milch mit dem Mohn in eine Tasse geben. Bei 800 Watt für ca. 1 Minute in die Mikrowelle stellen, bis die Milch kochend heiß ist. Den Mohn darin etwa 10 Minuten quellen lassen.

2 Die Zartbitterschokolade hacken. Mit der Butter in eine Rührschüssel geben. Bei 800 Watt für etwa 1 Minute in der Mikrowelle schmelzen. Mit der Gabel glatt verrühren, bis die Masse nur noch warm, nicht mehr heiß ist. Zucker, Salz und Ei hinzufügen. Mit dem Handrührgerät verquirlen. Dann die Mohnmischung unterrühren. Das Mehl darübersieben und kurz verquirlen.

3 Zwei Tassen mit Butter einfetten. Den Teig darauf verteilen. Die Tassen nacheinander bei 800 Watt für ca. 1 Minute 50 Sekunden in die Mikrowelle stellen. Herausnehmen, stürzen und auskühlen lassen. Zum Beispiel mit Ganache (s. S. 224) und mit 1 Klecks Preiselbeeren garnieren.

4 Bei der Zubereitung ohne Mikrowelle die Milch mit dem Mohn erhitzen. Dann vom Herd nehmen und quellen lassen. Die Schokolade mit der Butter in einen zweiten kleinen Topf geben und unter Rühren schmelzen. Den Backofen auf 180 °C vorheizen und die Küchlein auf der mittleren Schiene ca. 25 Minuten backen.

SÜSSE MUG CAKES FÜR JEDEN TAG

ZITRUS-MUG-CAKES
mit Rapsöl

**Für 2 Tassen
à ca. 220 ml**

1 Ei (Größe L)
3 El Rapsöl
60 g Zucker
1 Prise Salz
1/2 Tl abgeriebene Schale
von 1 unbehandelten Zitrone
1/2 Tl abgeriebene Schale
von 1 unbehandelten Orange
1/2 El Joghurt
1 El Orangensaft
1 El Zitronensaft
60 g Mehl, mit Backpulver
versetzt
2 Orangenfilets
Butter für die Tassen

Zubereitungszeit: ca. 20 Minuten
Pro Tasse ca. 244 kcal/1019 kJ
3 g E, 13 g F, 26 g KH

1 Das Ei in eine Rührschüssel geben und mit dem Rapsöl mit dem Handrührgerät verquirlen. Dann den Zucker, das Salz, die Zitronen- und die Orangenschale hinzugeben und darunterquirlen. Den Joghurt mit den Fruchtsäften dazugeben und das Mehl darübersieben. Kurz unterquirlen. Die Orangenfilets dritteln und unter den Teig heben.

2 Zwei Tassen mit Butter einfetten. Den Teig hineinfüllen. Nacheinander bei 800 Watt für ca. 2 Minuten in die Mikrowelle stellen. Herausnehmen, stürzen oder in der Tasse vollständig abkühlen lassen. Sehr lecker schmeckt dazu das Zitrus-Icing (s. S. 221) oder ein Zitrus-Frischkäse-Topping (s. S. 218).

3 Für die Zubereitung ohne Mikrowelle ofenfeste Tassen verwenden. Den Backofen auf 180 °C vorheizen und die Cakes auf der mittleren Schiene etwa 25 Minuten backen.

Zuckersüße
Grüße!

MELASSE-MUG-CAKES
mit Trockenfrüchten

**Für 2 Tassen
à ca. 220 ml**

2 getrocknete Aprikosen
2 Trockenpflaumen
1 Ei (Größe L)
3 El Rapsöl
1 El Melasse
(ersatzweise Zuckerrüben-
sirup)
40 g brauner Zucker
1 Prise Zimt
1 Prise gemahlene Nelken
2 El Milch
1 Prise Salz
60 g Mehl, mit Backpulver
versetzt
Butter für die Tassen

Zubereitungszeit: ca. 20 Minuten
Pro Tasse ca. 244 kcal/1019 kJ
3 g E, 13 g F, 26 g KH

1 Die Trockenfrüchte fein hacken. Das Ei mit dem Rapsöl in eine Rührschüssel geben. Mit dem Handrührgerät verquirlen. Dann Melasse, braunen Zucker und Gewürze hinzugeben. Alles ca. 2 Minuten verquirlen. Die Milch und die Prise Salz hinzurühren. Das Mehl darübersieben. Kurz unterrühren.

2 Zwei Tassen mit Butter einfetten. Den Teig einfüllen und die Tassen nacheinander bei 800 Watt für ca. 2 Minuten in die Mikrowelle stellen. Herausnehmen, stürzen oder in der Form abkühlen lassen. Mit Puderzucker bestäubt servieren. Dazu schmeckt Schlagsahne oder auch eine Ganache aus Zartbitter- oder Vollmilchschokolade (s. S. 224) besonders gut.

3 Für die Zubereitung im Backofen ofenfeste Tassen verwenden. Den Backofen auf 180 °C vorheizen und die Cakes auf der mittleren Schiene ca. 25 Minuten backen.

Im Winter der Liebling der Saison!

HONIG-MUG-CAKES
mit Joghurt

**Für 2 Tassen
à ca. 220 ml**

1 Ei (Größe L)
40 g Zucker
25 ml flüssiger Honig
50 g Naturjoghurt (3,5 % Fett i.Tr.)
1 El Rapsöl
1 Prise Salz
60 g Mehl, mit Backpulver versetzt
Butter für die Tassen

Zubereitungszeit: ca. 20 Minuten
Pro Tasse ca. 244 kcal/1019 kJ
3 g E, 13 g F, 26 g KH

1 Das Ei mit dem Zucker und dem Honig in eine Rührschüssel geben. Mit dem Handrührgerät schaumig aufschlagen. Dann den Joghurt, das Rapsöl und die Prise Salz hinzufügen. Kurz unterrühren. Das Mehl darübersieben und ebenfalls unterrühren.

2 Zwei Tassen mit Butter einfetten. Den Teig auf die Tassen verteilen und diese bei 800 Watt nacheinander für ca. 1 Minute 50 Sekunden in die Mikrowelle stellen. Herausnehmen, stürzen oder in der Tasse vollständig abkühlen lassen. Dazu schmeckt am besten ein fruchtiges Icing mit untergehobenen Beeren (s. S. 221).

3 Für die Zubereitung im Backofen ofenfeste Tassen verwenden. Den Backofen auf 180 °C vorheizen und die Küchlein auf der mittleren Schiene ca. 25 Minuten backen.

Sommer, Sonne, Sonnenschein!

Für jeden Tag

EIERLIKÖR-
Mug-Cakes

**Für 2 Tassen
à ca. 220 ml**

60 g Mehl, mit Backpulver
versetzt
55 g Zucker
1 Prise Salz
1 Ei (Größe L)
3 El Eierlikör
3 El Rapsöl
Butter für die Tassen

Zubereitungszeit: ca. 20 Minuten
Pro Tasse ca. 244 kcal/1019 kJ
3 g E, 13 g F, 26 g KH

1 Mehl mit Zucker und Salz verrühren. Dann das Ei, den Eierlikör und das Rapsöl hinzugeben. Alles mit dem Handrührgerät glatt rühren.

2 Zwei Tassen mit Butter einfetten. Den Teig auf die Tassen verteilen. Jede Tasse für ca. 1 Minute 50 Sekunden bei 800 Watt in die Mikrowelle stellen. Nach Belieben stürzen oder in der Tasse servieren.

3 Als Topping passt mit Eierlikör beträufelte Schlagsahne.

4 Bei der Zubereitung im Backofen ofenfeste Tassen verwenden. Den Ofen auf 180 °C vorheizen und die Cakes auf der mittleren Schiene ca. 25 Minuten backen.

Das ganze
Jahr lecker!

AMARETTI-MUG-CAKES
mit Marzipan

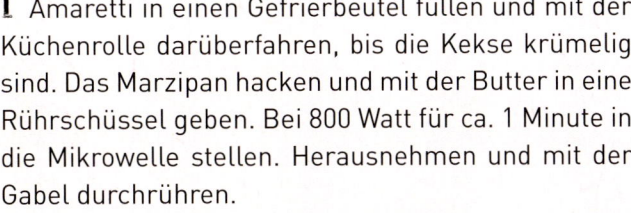

**Für 2 Tassen
à ca. 220 ml**

30 g Amaretti
20 g Marzipan
30 g Butter
40 g Zucker
1 Prise Salz
1 Ei (Größe L)
3 El Milch
40 g Mehl, mit Backpulver
versetzt
Butter für die Tassen

Zubereitungszeit: ca. 20 Minuten
Pro Tasse ca. 244 kcal/1019 kJ
3 g E, 13 g F, 26 g KH

1 Amaretti in einen Gefrierbeutel füllen und mit der Küchenrolle darüberfahren, bis die Kekse krümelig sind. Das Marzipan hacken und mit der Butter in eine Rührschüssel geben. Bei 800 Watt für ca. 1 Minute in die Mikrowelle stellen. Herausnehmen und mit der Gabel durchrühren.

2 Zucker, Salz und das Ei hinzugeben und schaumig quirlen. Dann die Milch hineinquirlen. Das Mehl darübersieben und die Kekskrümel hinzugeben. Alles kurz unter den Teig quirlen.

3 Zwei Tassen mit Butter einfetten. Den Teig auf die Tassen verteilen und diese nacheinander bei 800 Watt für ca. 1 Minute 50 Sekunden in die Mikrowelle stellen. Herausnehmen und stürzen oder in der Tasse abkühlen lassen. Dazu schmeckt ein Frischkäse-Frosting sehr gut (s. S. 218) oder eine Ganache aus weißer Schokolade (s. S. 224).

4 Bei der Zubereitung ohne Mikrowelle ofenfeste Tassen verwenden. Butter und Marzipan in einem kleinen Topf erhitzen und dann verrühren. Den Backofen auf 180 °C vorheizen und die Küchlein auf der mittleren Schiene ca. 25 Minuten backen.

Ein Hoch auf die Mandel!

Für jeden Tag

Zarte
VANILLE-MUG-CAKES

**Für 2 Tassen
à ca. 220 ml**

1 Vanilleschote
30 g Butter
55 g Zucker
1 Prise Salz
1 Ei (Größe L)
3 El Milch
2 Tropfen Buttervanillearoma
60 g Mehl, mit Backpulver versetzt
Butter für die Tassen

Zubereitungszeit: ca. 20 Minuten
Pro Tasse ca. 244 kcal/1019 kJ
3 g E, 13 g F, 26 g KH

Wir lieben Vanille!

1 Die Vanilleschote der Länge nach aufschneiden und das Mark herausschaben. Mit der Butter in eine Rührschüssel geben und bei 800 Watt für ca. 30 Sekunden in die Mikrowelle stellen, bis die Butter weich ist.

2 Zucker und Salz zur Butter geben und mit dem Handrührgerät schaumig schlagen. Dann das Ei hinzuquirlen. Die Milch und das Buttervanillearoma dazugeben und zum Schluss das Mehl darübersieben. Alles miteinander glatt verquirlen.

3 Zwei Tassen mit Butter einfetten. Den Teig darauf verteilen. Die Tassen nacheinander bei 800 Watt für ca. 1 Minute 50 Sekunden in die Mikrowelle stellen. Herausnehmen und stürzen oder in der Tasse abkühlen lassen. Dazu passt Schlagsahne oder eine Vanille-Buttercreme (s. S. 227) besonders gut.

4 Bei der Zubereitung ohne Mikrowelle ofenfeste Tassen verwenden. Die Butter bei Zimmertemperatur weich werden lassen. Den Backofen auf 180 °C vorheizen und die Vanilleküchlein auf der mittleren Schiene ca. 25 Minuten backen.

ZITRONEN-MOHN-
Mug-Cakes

**Für 2 Tassen
à ca. 220 ml**

30 g Butter
1 Ei (Größe L)
70 g Zucker
1 Prise Salz
3 El Zitronensaft
1 Tl abgeriebene Schale
von 1 unbehandelten Zitrone
1 Tl Mohnsamen
60 g Mehl, mit Backpulver
versetzt
Butter für die Tassen

Zubereitungszeit: ca. 20 Minuten
Pro Tasse ca. 244 kcal/1019 kJ
3 g E, 13 g F, 26 g KH

1 Die Butter in eine Tasse geben und bei 800 Watt für ca. 1 Minute in die Mikrowelle stellen, bis sie flüssig ist. Das Ei in eine Rührschüssel geben. Mit dem Zucker und dem Salz mit dem Handrührgerät schaumig quirlen. Den Zitronensaft und die Zitronenschale dazugeben und mit dem Mohn darunterquirlen. Nun die Butter dazuquirlen. Das Mehl darübersieben und kurz unterrühren.

2 Zwei Tassen mit Butter einfetten. Den Teig auf die Tassen verteilen. Nacheinander bei 800 Watt für ca. 1 Minuten 50 Sekunden in die Mikrowelle stellen. Herausnehmen und stürzen oder in der Tasse abkühlen lassen. Dazu passt besonders gut ein Zitrus-Icing (s. S. 221).

3 Bei der Zubereitung ohne Mikrowelle ofenfeste Tassen verwenden. Die Butter in einer kleinen Pfanne zerlassen. Den Backofen auf 180 °C vorheizen und die Küchlein auf der mittleren Schiene ca. 25 Minuten backen.

Glück aus
Tassen!

Für jeden Tag

ZIMT-MUG-CAKES
mit Maronencreme

**Für 2 Tassen
à ca. 220 ml**

1 Ei (Größe L)
3 El Rapsöl
3 El Buttermilch
1 El Maronencreme
55 g Zucker
1 Prise Salz
60 g Mehl, mit Backpulver
versetzt
1/2 Tl Zimt
1 El gehackte Walnüsse
Butter für die Tassen

Zubereitungszeit: ca. 20 Minuten
Pro Tasse ca. 244 kcal/1019 kJ
3 g E, 13 g F, 26 g KH

1 Das Ei in eine Rührschüssel geben. Das Rapsöl dazugeben und alles mit dem Handrührgerät verquirlen. Dann die Buttermilch, die Maronencreme, Zucker und Salz dazugeben. Alles gut verquirlen. Das Mehl und den Zimt darübersieben und unterrühren. Zum Schluss die Walnüsse unterheben.

2 Zwei Tassen mit Butter einfetten. Den Teig darauf verteilen. Die Tassen nacheinander bei 800 Watt für ca. 1 Minute 50 Sekunden in die Mikrowelle stellen. Herausnehmen und stürzen oder in der Tasse abkühlen lassen. Mit Schlagsahne servieren oder eine Ganache dazureichen (s. S. 224).

3 Bei der Zubereitung im Backofen ofenfeste Tassen verwenden. Den Ofen auf 180 °C vorheizen. Die Küchlein auf der mittleren Schiene ca. 25 Minuten backen.

Aroma in jedem Bissen!

MUG-CAKES
„Käsekuchen"

**Für 2 Tassen
à ca. 220 ml**

60 g Löffelbiskuits
1 1/2 El Butter
200 g Frischkäse
50 g Zucker
1 Prise Salz
1 El Zitronensaft
1 Tl abgeriebene Schale
von 1 unbehandelten Zitrone
1 Ei (Größe L)
Puderzucker zum Servieren
Butter für die Tassen

Zubereitungszeit: ca. 20 Minuten
Pro Tasse ca. 244 kcal/1019 kJ
3 g E, 13 g F, 26 g KH

Liebling der Redaktion!

1 Die Löffelbiskuits in einen Gefrierbeutel geben und mit der Küchenrolle darüberfahren, bis Sie zerkrümelt sind. Die Krümel auf die beiden Tassen verteilen. Die Butter in Flöckchen ebenfalls darauf verteilen. Die Tassen nacheinander bei 800 Watt für ca. 50 Sekunden in die Mikrowelle stellen. Dann jeweils mit einer Gabel umrühren, sodass die Löffelbiskuitstücke allesamt mit Butter überzogen sind.

2 Den Frischkäse in eine Rührschüssel geben. Zucker, Salz, Zitronensaft und -abrieb dazugeben und alles cremig quirlen. Dann das Ei darunterquirlen. Die Masse auf die Tassen verteilen. Diese jeweils einmal sanft aufklopfen, damit sich die Masse besser absetzt, und mit einer Gabel kurz umrühren.

3 Die Tassen nacheinander bei 800 Watt für etwa 2 Minuten 10 Sekunden in die Mikrowelle stellen. Herausnehmen und in der Tasse abkühlen lassen, nicht stürzen. Mit Puderzucker bestäubt servieren.

4 Für die Zubereitung ohne Mikrowelle ofenfeste Tassen verwenden. Die Butter zerlassen und die Löffelbiskuitkrümel darin wenden. Den Backofen auf 180 °C vorheizen und die Käseküchlein auf der mittleren Schiene ca. 25 Minuten backen.

Für jeden Tag

PIKANTE MUG CAKES - VEGETARISCH

ANTIPASTI-MUG-CAKES
mit Parmesan

**Für 2 Tassen
à ca. 220 ml**

1 El Pinienkerne
4 getrocknete Tomaten in Öl
30 g Parmesan
1 El Olivenöl
1 Ei (Größe L)
50 g Mehl, mit Backpulver
versetzt
2 El Milch
1 El Kräuterfrischkäse
Salz
Pfeffer
Balsamico-Sirup zum
Beträufeln und Rucola zum
Garnieren
Olivenöl für die Tassen

Zubereitungszeit: ca. 15 Minuten
Pro Tasse ca. 357 kcal/1499 kJ
14 g E, 25 g F, 20 g KH

*Der pure
Genuss!*

1 Die Pinienkerne in einer Pfanne ohne Fett gold-braun rösten, dann beiseitestellen. Die Tomaten auf Küchenkrepp trocken tupfen, dann klein würfeln. Den Parmesan reiben.

2 Das Olivenöl in eine Rührschüssel geben und mit dem Ei verquirlen. Das Mehl darübersieben und zu-sammen mit der Milch und dem Kräuterfrischkäse unterrühren.

3 Pinienkerne, Tomaten und Parmesan unterheben, dann die Mischung mit Salz und Pfeffer abschme-cken.

4 Zwei Tassen mit Olivenöl einfetten. Den Teig auf die Tassen verteilen. Die Tassen nacheinander für ca. 1 Minute 40 Sekunden bei 800 Watt in die Mikrowelle stellen. Mit etwas Balsamico-Sirup beträufeln und mit einem Blättchen Rucola garniert sofort servie-ren.

5 Bei der Zubereitung ohne Mikrowelle ofenfeste Tassen verwenden. Den Backofen auf 180 °C vorhei-zen und die Mug Cakes auf der mittleren Schiene ca. 25 Minuten backen.

KORIANDER-MUG-CAKES
mit Süßkartoffeln

**Für 2 Tassen
à ca. 220 ml**

½ Bund Koriander
75 g Süßkartoffel (gegart)
40 g rote Paprikaschote
1 Ei (Größe L)
2 El Olivenöl
60 g Mehl, mit Backpulver
versetzt
2 El Naturjoghurt
1 El Milch
Salz
Pfeffer
gemahlener Cayennepfeffer
gemahlener Kreuzkümmel
Olivenöl für die Tassen

Zubereitungszeit: ca. 10 Minuten
Pro Tasse ca. 298 kcal/1252 kJ
9 g E, 15 g F, 33 g KH

1 Den Koriander waschen, trocken tupfen und die Blättchen hacken. Die Süßkartoffel pellen und zerdrücken. Die Paprikaschote putzen, waschen, trocken tupfen und klein würfeln. Das Ei mit dem Olivenöl verquirlen.

2 Das Mehl mit dem Joghurt und der Milch glatt rühren. Dann die Süßkartoffel mit dem Koriander und der Paprikaschote unterrühren. Alles mit Salz, Pfeffer, Cayennepfeffer und Kreuzkümmel pikant abschmecken.

3 Zwei Tassen mit Olivenöl einfetten. Den Teig auf die Tassen verteilen. In der Mikrowelle bei 800 Watt ca. 2 Minuten backen. Nach Belieben mit etwas grünem Salat servieren. Als Topping passt besonders gut die Erbsencreme (s. S. 228) oder die Aioli (s. S. 236).

4 Bei der Zubereitung ohne Mikrowelle ofenfeste Tassen verwenden. Den Backofen auf 180 °C vorheizen und die Küchlein auf der mittleren Schiene ca. 25 Minuten backen.

Mit orientalischen Gewürzen.

Vegetarisch

MÖHREN-MUG-CAKES
mit Sesamsaat

**Für 2 Tassen
à ca. 220 ml**

1 Möhre
1 El Sesamsaat
2 Stängel Petersilie
1 Ei (Größe L)
2 El Rapsöl
60 g Mehl, mit Backpulver
versetzt
2 El Naturjoghurt
1 El Milch
Salz
Pfeffer
Ingwerpulver

Außerdem
100 g Naturjoghurt
1 Spritzer Zitronensaft
Salz
Pfeffer
Öl für die Tassen

Zubereitungszeit: ca. 15 Minuten
Pro Tasse ca. 302 kcal/1266 kJ
11 g E, 17 g F, 26 g KH

1 Die Möhre putzen, schälen und raspeln. 60 g abmessen. Sesamsaat in einer beschichteten Pfanne ohne Fett rösten. Petersilie waschen, trocken tupfen und die Blättchen hacken.

2 Das Ei mit dem Rapsöl in einer Rührschüssel verquirlen. Das Mehl darübersieben und alles mit dem Joghurt und der Milch glatt verquirlen. Möhrenraspel, Sesam und Petersilie unterheben. Mit Salz, Pfeffer und Ingwerpulver würzen.

3 Die Tassen mit Öl einfetten und den Teig auf die Tassen verteilen. Bei 800 Watt für ca. 1 Minute 40 Sekunden in der Mikrowelle backen. Naturjoghurt mit Zitronensaft verrühren und mit Salz und Pfeffer würzen. Als Dip zu den Mug Cakes servieren.

4 Für die Zubereitung ohne Mikrowelle ofenfeste Förmchen verwenden. Den Backofen auf 180 °C vorheizen. Die Mug Cakes auf der mittleren Schiene ca. 25 Minuten backen.

Her mit den
Möhrchen!

Pikante
KÄSE-MUG-CAKES

Für 2 Tassen
à ca. 220 ml

20 g Gruyère
20 g Emmentaler
20 g Cheddar
30 g Butter
1 Ei (Größe L)
50 g Mehl, mit Backpulver
versetzt
75 ml Milch
Salz
Pfeffer
Muskat
Butter für die Tassen

Zubereitungszeit: ca. 10 Minuten
Pro Tasse ca. 391 kcal/1640 kJ
17 g E, 28 g F, 20 g KH

1 Alle Käsesorten raspeln. Die Butter in eine Rührschüssel geben und bei 800 Watt für 30 Sekunden in der Mikrowelle zerlassen. Das Ei hinzugeben und mit der Butter verquirlen.

2 Das Mehl darübersieben und die Mischung mit der Milch zu einem glatten Teig verrühren. Den Käse unterrühren, alles salzen, pfeffern und mit etwas Muskatnuss würzen.

3 Den Teig auf zwei eingefettete Tassen verteilen. Bei 800 Watt für ca. 2 Minuten 30 Sekunden in der Mikrowelle backen. Sofort servieren. Wenn Sie ein Topping dazu servieren möchten, passt besonders gut die Erbsencreme (s. S. 228).

4 Für die Zubereitung ohne Mikrowelle: Den Backofen auf 180 °C vorheizen und ofenfeste Formen verwenden. Die Butter in einer Pfanne zerlassen. Dann den Teig wie oben beschrieben zubereiten und die Küchlein im vorgeheizten Ofen ca. 25 Minuten backen.

Mit dreierlei Käse.

Vegetarisch

BREZEL-MUG-CAKES
mit Frühlingszwiebeln

**Für 2 Tassen
à ca. 220 ml**

1 Brezel
1 Frühlingszwiebel
2 Stängel Petersilie
100 ml Milch
2 Eier
Salz
Pfeffer
Butter für die Tassen

Zubereitungszeit: ca. 12 Minuten
Pro Tasse ca. 255 kcal/1071 kJ
13 g E, 11 g F, 27 g KH

1 Die Brezel in kleine Würfel schneiden. 100 g Brezelwürfel abwiegen. Die Frühlingszwiebel putzen, waschen, trocknen und das Weiße und Hellgrüne in Ringe schneiden. Die Petersilie waschen, trocken tupfen und die Blättchen hacken. Alles in einer Schüssel mischen. Zwei Tassen mit Butter einfetten.

2 Die Milch mit den Eiern verquirlen. Salzen und pfeffern. Über die Brezelmischung gießen und kurz ruhen lassen. Dann auf die Tassen verteilen.

3 Die Tassen nacheinander bei 800 Watt für ca. 2 Minuten 10 Sekunden in der Mikrowelle backen. Herausnehmen und mit Tomatenachteln servieren. Als Topping passt besonders gut die Schafskäsecreme (s. S. 231).

4 Für die Zubereitung ohne Mikrowelle ofenfeste Förmchen verwenden und den Backofen auf 180 °C vorheizen. Die Küchlein auf der mittleren Schiene ca. 25 Minuten backen.

Aroma in jedem Bissen!

GRIECHISCHE
Mug-Cakes

**Für 2 Tassen
à ca. 220 ml**

50 g Schafskäse
6 schwarze Oliven ohne
Stein
½ rote Chilischote
1 Ei Größe L
1 El Olivenöl
60 g Mehl, mit Backpulver
versetzt
3 El Milch
½ Tl frisch gehackter Rosmarin
Salz
Pfeffer
Olivenöl für die Tassen

Zubereitungszeit: ca. 10 Minuten
Pro Tasse ca. 264 kcal/1107 kJ
11 g E, 14 g F, 22 g KH

1 Den Schafskäse klein würfeln oder mit den Händen zerkrümeln. Die Oliven hacken. Die Chilischote putzen, entkernen, waschen und fein hacken.

2 Das Ei mit dem Olivenöl verquirlen. Das Mehl darübersieben und die Milch hinzugeben. Alles glatt verquirlen. Schafskäse, Rosmarin, Chili und Oliven unterrühren und den Teig mit Salz und Pfeffer abschmecken.

3 Zwei Tassen mit Olivenöl einfetten. Den Teig auf die Tassen verteilen. Bei 800 Watt für ca. 1 Minute 40 Sekunden in der Mikrowelle backen. Als Topping passt besonders gut die Schafskäsecreme (s. S. 231) oder die Thunfischcreme (s. S. 232).

4 Bei der Zubereitung ohne Mikrowelle den Backofen auf 180 °C vorheizen und ofenfeste Förmchen verwenden. Die Küchlein anschließend für ca. 25 Minuten auf der mittleren Schiene backen.

Minis mit
Maxi-Geschmack!

Vegetarisch

BIRNEN-MUG-CAKES
mit Gorgonzola

Für 2 Tassen
à ca. 220 ml

1 reife, aber feste Birne
25 g Butter
1 Ei (Größe L)
60 g Mehl, mit Backpulver
versetzt
Salz
Pfeffer
40 g Gorgonzola
½ Bund Schnittlauch
Fett für die Tassen

Zubereitungszeit: ca. 10 Minuten
Pro Tasse ca. 331 kcal/1391 kJ
11 g E, 21 g F, 25 g KH

1 Die Birne waschen, trocknen, schälen und das Kerngehäuse entfernen. 60 g Fruchtfleisch abwiegen und raspeln. Zusammen mit der Butter in eine Rührschüssel füllen und bei 800 Watt für 50 Sekunden in die Mikrowelle stellen.

2 Das Ei hinzugeben und alles gründlich verquirlen. Das Mehl darübersieben, die Mischung glatt verrühren, dann salzen und pfeffern.

3 Den Gorgonzola zerkrümeln und unterrühren. Den Schnittlauch waschen, trocken tupfen und in feine Ringe schneiden. Ebenfalls unter den Teig heben.

4 Den Teig auf zwei eingefettete Tassen aufteilen. Bei 800 Watt für ca. 2 Minuten in die Mikrowelle stellen. Herausnehmen und warm servieren. Als Topping passt besonders gut die Erbsencreme (s. S. 228).

5 Bei der Zubereitung ohne Mikrowelle ofenfeste Tassen verwenden und den Backofen auf 180 °C vorheizen. Die Butter mit den Birnenraspeln in einem kleinen Topf erhitzen. Dann wie beschrieben den Teig fertigstellen und die Küchlein auf der mittleren Schiene ca. 25 Minuten backen.

Der pure
Genuss!

GRÜNE-SMOOTHIE-
Mug-Cakes

**Für 2 Tassen
à ca. 220 ml**

50 g Spinat
5 Stängel Minze
1 Spritzer Zitronensaft
2 El Olivenöl
1 Ei (Größe L)
60 g Mehl, mit Backpulver
versetzt
Salz
Pfeffer
Paprikapulver
Fett für die Tassen

Zubereitungszeit: ca. 15 Minuten
Pro Tasse ca. 244 kcal/1026 kJ
8 g E, 14 g F, 21 g KH

1 Spinat und Minze waschen, putzen, trocken tupfen und die Blättchen sehr fein hacken. Mit dem Zitronensaft verrühren.

2 Das Olivenöl mit dem Ei verquirlen. Das Mehl darübersieben und alles mit der Blättermischung glatt verrühren. Salzen, pfeffern und pikant mit Paprikapulver abschmecken.

3 Zwei Tassen mit Olivenöl einfetten. Den Teig auf die Tassen verteilen. Nacheinander bei 800 Watt für ca. 1 Minute 50 Sekunden in der Mikrowelle backen. Herausnehmen und warm servieren. Sehr lecker schmeckt dazu das Ziegenkäse-Topping (s. S. 235) mit Honig, doch auch die Erbsencreme (s. S. 228) passt gut dazu.

4 Für die Zubereitung ohne Mikrowelle ofenfeste Förmchen verwenden und den Backofen auf 180 °C vorheizen. Die Küchlein auf der mittleren Schiene ca. 25 Minuten backen.

Mit Spinat
& Minze.

KRÄUTER-MUG-CAKES
mit Frischkäse

Für 2 Tassen
à ca. 220 ml

3 Stängel Basilikum
3 Stiele Petersilie
½ Bund Schnittlauch
1 Frühlingszwiebel
1 El gehackte Haselnüsse
30 g Butter
1 Ei (Größe L)
60 g Mehl, mit Backpulver
versetzt
40 g Frischkäse
½ Tl Senf
Salz
Pfeffer
Butter für die Tassen

Zubereitungszeit: ca. 15 Minuten
Pro Tasse ca. 359 kcal/1509 kJ
14 g E, 26 g F, 23 g KH

1 Die Kräuter waschen, putzen und trocken tupfen. Basilikum- und Petersilie-Blättchen hacken, den Schnittlauch und die Frühlingszwiebel in feine Ringe schneiden. Die gehackten Haselnüsse in einer Pfanne ohne Fett goldgelb rösten, dann beiseitestellen.

2 Die Butter in einer Rührschüssel bei 800 Watt für 40 Sekunden in die Mikrowelle stellen. Das Ei hinzuquirlen. Das Mehl darübersieben und den Frischkäse mit dem Senf hinzugeben. Alles verquirlen. Dann die Kräuter und die Haselnüsse unterheben. Pikant mit Salz und Pfeffer abschmecken.

3 Zwei Tassen mit Butter einfetten. Den Teig darauf verteilen und nacheinander bei 800 Watt für ca. 1 Minute 50 Sekunden in die Mikrowelle stellen. Sehr lecker schmeckt dazu auch die Thunfischcreme (s. S. 232) oder etwas Aioli (s. S. 236).

4 Für die Zubereitung im Backofen ofenfeste Förmchen verwenden. Den Ofen auf 180 °C vorheizen und die Butter in einer Pfanne zerlassen. Anschließend wie oben beschrieben den Teig zubereiten und die Küchlein ca. 25 Minuten auf der mittleren Schiene backen.

KÜRBIS-MUG-CAKES
mit Kokosmilch

**Für 2 Tassen
à ca. 220 ml**

75 g gegarter Kürbis (alternativ Kürbispüree aus dem Babyglas)
2 El Kokosmilch
½ Tl frisch geriebener Ingwer
3 El Rapsöl
1 Ei (Größe L)
50 g Mehl, mit Backpulver versetzt
Salz
Pfeffer
Fett für die Tassen

Zubereitungszeit: ca. 10 Minuten
Pro Tasse ca. 284 kcal/1193 kJ
7 g E, 19 g F, 20 g KH

1 Den Kürbis mit der Kokosmilch glatt pürieren. Den Ingwer unterrühren. Dann in einer zweiten Schüssel das Rapsöl mit dem Ei verquirlen. Das Mehl darübersieben, dann alles mit der Kürbismischung glatt rühren. Zum Schluss salzen und pfeffern.

2 Zwei Tassen einfetten und den Teig auf die Tassen verteilen. Nacheinander bei 800 Watt für ca. 1 Minute 50 Sekunden in die Mikrowelle stellen. Warm servieren. Sehr lecker ist dazu das Topping mit grünen Erbsen (s. S. 228).

3 Für die Zubereitung ohne Mikrowelle ofenfeste Förmchen verwenden und den Backofen auf 180 °C vorheizen. Die Küchlein auf der mittleren Schiene ca. 25 Minuten backen.

So schmeckt der Herbst!

Vegetarisch

BROKKOLI-MUG-CAKES
mit Cashewkernen

**Für 2 Tassen
à ca. 220 ml**

75 g Brokkoli
Salz
1 El Cashewkerne
30 g Butter
1 Ei (Größe L)
60 g Mehl, mit Backpulver
versetzt
2 El Milch
1 El frisch geriebener
Parmesan
Pfeffer
Butter für die Tassen

Zubereitungszeit: ca. 15 Minuten
Pro Tasse ca. 340 kcal/1428 kJ
11 g E, 22 g F, 25 g KH

*Backe, backe
Küchlein!*

1 Brokkoli in sehr kleine Röschen teilen. In leicht gesalzenem Wasser ca. 4 Minuten garen. In ein Sieb abgießen, abschrecken und abtropfen lassen.

2 Die Cashewkerne in einer Pfanne ohne Fett goldgelb rösten, dann beiseitestellen. Die Butter in eine Rührschüssel geben und bei 800 Watt ca. 40 Sekunden in der Mikrowelle zerlassen. Mit dem Ei verquirlen.

3 Das Mehl über die Ei-Mischung sieben. Zusammen mit der Milch und dem Parmesan unterrühren. Dann das Gemüse und die Cashewkerne unterheben. Alles salzen und pfeffern. Den Teig auf zwei eingefettete Tassen verteilen. Nacheinander bei 800 Watt für ca. 1 Minute 50 Sekunden in die Mikrowelle stellen. Warm servieren. Dazu schmeckt das Erbsentopping (s. S. 228) ebenso lecker wie die Schafskäsecreme (s. S. 231).

4 Für die Zubereitung ohne Mikrowelle die Butter in einer kleinen Pfanne zerlassen, ofenfeste Förmchen verwenden und den Backofen auf 180 °C vorheizen. Dann wie oben beschrieben den Teig zubereiten und die Küchlein auf der mittleren Schiene ca. 25 Minuten backen.

Mug-Cakes
À LA CAPRESE

**Für 2 Tassen
à ca. 220 ml**

80 g Kirschtomaten
30 g Mozzarella
4 Stängel Basilikum
2 El Olivenöl
1 Ei (Größe L)
60 g Mehl, mit Backpulver
versetzt
1 Msp. gerebelter Oregano
Salz
Pfeffer

Außerdem
je 2 Tomaten- und 2 Mozza-
rellascheiben, 2 Basilikum-
blättchen, einige Tropfen
Olivenöl und Aceto balsamico zum Garnieren
Öl für die Tassen

Zubereitungszeit: ca. 15 Minuten
Pro Tasse ca. 283 kcal/1189 kJ
10 g E, 17 g F, 22 g KH

1 Die Tomaten waschen, trocknen, die Stielansätze und die Kerne entfernen. Dann das Fruchtfleisch
würfeln. Mozzarella ebenfalls würfeln. Basilikum
waschen, trocken tupfen und die Blättchen hacken.

2 Olivenöl mit dem Ei in eine Rührschüssel geben
und gut verquirlen. Das Mehl darübersieben und
den Oregano dazugeben. Zusammen mit dem Toma-
tenwürfeln und dem Basilikum gut verrühren, dann
den Mozzarella unterheben. Die Mischung pikant mit
Salz und Pfeffer würzen.

3 Zwei Tassen mit Olivenöl einfetten. Den Teig darauf verteilen und nacheinander bei 800 Watt für ca.
2 Minuten in die Mikrowelle stellen. Anschließend mit
je 1 Scheibe Tomate und Mozzarella belegen. Salzen,
pfeffern und mit ein paar Tropfen Olivenöl und Aceto
balsamico beträufeln. Zum Schluss mit 1 Blättchen
Basilikum garnieren und sofort servieren.

4 Für die Zubereitung ohne Mikrowelle ofenfeste
Tassen verwenden und den Ofen auf 180 °C vorheizen. Die Küchlein auf der mittleren Schiene etwa
25 Minuten backen.

Verliebt in
Italien!

113

RESTE-MUG-CAKES
mit Pellkartoffeln

**Für 2 Tassen
à ca. 220 ml**

1 Pellkartoffel (gegart)
30 g Gouda
4 Stängel glatte Petersilie
6 Stängel Schnittlauch
30 g Butter
2 Eier (Größe L)
20 g Mehl, mit Backpulver
versetzt
50 ml Milch
Salz
Pfeffer
Paprikapulver
Butter für die Tassen

Zubereitungszeit: ca. 10 Minuten
Pro Tasse ca. 332 kcal/1395 kJ
14 g E, 25 g F, 12 g KH

1 Die Kartoffel pellen und würfeln. 75 g abmessen. Den Gouda fein reiben. Die Kräuter waschen und trocken tupfen. Petersilienblättchen hacken. Schnittlauchhalme in Ringe schneiden.

2 Die Butter in eine Rührschüssel geben und bei 800 Watt für ca. 40 Sekunden in die Mikrowelle stellen, bis sie flüssig ist. Die Eier hinzugeben und alles glatt verquirlen. Das Mehl darübersieben. Den Teig mit der Milch glatt verquirlen. Mit Salz, Pfeffer und Paprikapulver pikant abschmecken. Dann die Kräuter, die Kartoffelwürfel und die Käseraspel unterrühren.

3 Den Teig auf zwei eingebutterte Tassen verteilen. Nacheinander bei 800 Watt für ca. 2 Minuten in die Mikrowelle stellen. Warm servieren. Dazu passt besonders gut Aioli (s. S. 236).

4 Für die Zubereitung ohne Mikrowelle ofenfeste Förmchen verwenden und den Backofen auf 180 °C vorheizen. Die Butter in einer kleinen Pfanne zerlassen. Dann den Teig wie oben beschrieben zubereiten und auf der mittleren Schiene ca. 25 Minuten backen.

Einfach lecker!

KICHERERBSEN-
Mug-Cakes

**Für 2 Tassen
à ca. 220 ml**

½ Bund Koriander
1 Frühlingszwiebel
75 g Kichererbsen aus dem
Glas
2 El Olivenöl
1 Ei (Größe L)
50 g Mehl, mit Backpulver
versetzt
2 El Milch
1 El Tahin (Sesampaste, FP)
1 Spritzer Zitronensaft
Salz
Pfeffer
Paprikapulver
Kreuzkümmelpulver
Öl für die Tassen

Zubereitungszeit: ca. 15 Minuten
Pro Tasse ca. 306 kcal/1287 kJ
10 g E, 19 g F, 25 g KH

1 Koriander waschen, trocken tupfen und die Blättchen hacken. Die Frühlingszwiebel waschen, putzen, trocknen und in Ringe schneiden. Die Kichererbsen in ein Sieb geben, abspülen und abtropfen lassen.

2 Das Olivenöl mit dem Ei in eine Rührschüssel geben und verquirlen. Das Mehl darübersieben. Milch, Tahin und Zitronensaft hinzugeben und alles glatt verquirlen. Dann die Kichererbsen, den Koriander und die Frühlingszwiebel unterheben. Den Teig pikant mit Salz, Pfeffer, Paprika- und Kreuzkümmelpulver würzen.

3 Zwei Tassen mit Olivenöl einfetten. Den Teig darauf verteilen. Dann nacheinander bei 800 Watt für 1 Minute 50 Sekunden garen. Als Topping passt die Erbsencreme (s. S. 228) besonders gut.

4 Für die Zubereitung ohne Mikrowelle ofenfeste Tassen verwenden und den Ofen auf 180 °C vorheizen. Die Küchlein auf der mittleren Schiene etwa 25 Minuten backen.

Orient-
Express!

Vegetarisch

PAPRIKA-ZUCCHINI-
Mug-Cakes

**Für 2 Tassen
à ca. 220 ml**

40 g rote Paprika
40 g Zucchini
1 El Pinienkerne
2 El Olivenöl
Salz
Pfeffer
1 Ei (Größe L)
60 g Mehl, mit Backpulver
versetzt
Öl für die Tassen

Zubereitungszeit: ca. 15 Minuten
Pro Tasse ca. 289 kcal/1217 kJ
9 g E, 18 g F, 23 g KH

1 Paprika und Zucchini putzen, waschen und klein würfeln. Die Pinienkerne in einer Pfanne ohne Fett goldgelb anrösten, dann beiseitestellen. 1 Esslöffel Olivenöl in der Pfanne erhitzen und die Gemüsewürfel darin ca. 5 Minuten anbraten. Anschließend salzen, pfeffern und mit den Pinienkernen mischen.

2 Das restliche Olivenöl mit dem Ei verquirlen. Das Mehl darübersieben und alles glatt verrühren. Die Gemüsemischung unterheben und den Teig mit Salz und Pfeffer pikant abschmecken.

3 Den Teig auf zwei eingefettete Tassen verteilen. Die Tassen nacheinander bei 800 Watt für ca. 2 Minuten in die Mikrowelle stellen. Heiß servieren. Dazu passen alle ab S. 228 vorgestellten Toppings.

4 Für die Zubereitung ohne Mikrowelle ofenfeste Tassen verwenden. Den Backofen auf 180 °C vorheizen. Die Küchlein auf der mittleren Schiene etwa 25 Minuten backen.

Quer durchs Gemüsebeet!

SPARGEL-MUG-CAKES
mit Weißwein

**Für 2 Tassen
à ca. 220 ml**

3 Spargelspitzen aus dem
Glas
4 Stängel Estragon
30 g Butter
1 Ei (Größe L)
60 g Mehl, mit Backpulver
versetzt
2 El Weißwein
Salz
Pfeffer

Außerdem
Spargelspitzen aus dem Glas
und Estragon-Zweige zum
Garnieren
Butter für die Tassen

Zubereitungszeit: ca. 10 Minuten
Pro Tasse ca. 273 kcal/1148 kJ
7 g E, 17 g F, 22 g KH

1 Spargel trocken tupfen und in nicht zu dünne Scheiben schneiden. Estragon waschen, trocken tupfen und die Blättchen abzupfen. Die Butter in eine Rührschüssel geben und bei 800 Watt für ca. 40 Sekunden in die Mikrowelle stellen, bis sie flüssig ist.

2 Das Ei zur Butter geben und beides verquirlen. Das Mehl darübersieben, den Weißwein dazugießen und alles glatt verrühren. Dann kräftig salzen und sanft pfeffern. Spargelscheiben und Estragon unterheben.

3 Den Teig auf zwei gebutterte Tassen verteilen. Nacheinander bei 800 Watt für ca. 1 Minute 50 Sekunden in die Mikrowelle stellen. Als Topping passt besonders gut die Aioli (s. S. 236), die mit weiteren Spargelspitzen aus dem Glas und etwas frischem Estragon auf den Küchlein angerichtet werden kann.

4 Für die Zubereitung ohne Mikrowelle ofenfeste Tassen verwenden und den Ofen auf 180 °C vorheizen. Die Butter in einer kleinen Pfanne zerlassen, dann den Teig wie oben beschrieben zubereiten. Die Küchlein auf der mittleren Schiene ca. 25 Minuten backen.

So schmeckt
der Frühling!

Vegetarisch

Mug-Cakes
MIT ZIEGENKÄSE

**Für 2 Tassen
à ca. 220 ml**

50 g Ziegenfrischkäse
1 El Mineralwasser mit
Kohlensäure
3 getrocknete Aprikosen
5 Blätter Rucola
1 El Olivenöl
1 Ei (Größe L)
60 g Mehl, mit Backpulver
versetzt
1 El Milch
Salz
Pfeffer
Öl für die Tassen

Zubereitungszeit: ca. 10 Minuten
Pro Tasse ca. 296 kcal/1243 kJ
10 g E, 15 g F, 30 g KH

1 Den Ziegenfrischkäse mit dem Mineralwasser verrühren. Die Aprikosen klein würfeln und unterrühren. Den Rucola waschen, trocken tupfen und grob hacken. Ebenfalls unterheben.

2 Das Öl mit dem Ei verquirlen. Das Mehl darübersieben und alles mit der Milch glatt verrühren. Dann die Ziegenkäsemischung unterrühren. Den Teig auf zwei eingefettete Tassen verteilen.

3 Die Tassen bei 800 Watt für ca. 1 Minute 50 Sekunden nacheinander in die Mikrowelle stellen. Als Topping passt besonders gut die Ziegenfrischkäsecreme (s. S. 235) mit etwas frischem Rucola oder die Schafskäsecreme (s. S. 231).

4 Für die Zubereitung ohne Mikrowelle ofenfeste Tassen verwenden und den Backofen auf 180 °C vorheizen. Dann die Küchlein auf der mittleren Schiene ca. 25 Minuten backen.

Liebling der Redaktion!

DINKEL-MUG-CAKES
mit Zucchini

**Für 2 Tassen
à ca. 220 ml**

2 getrocknete
Tomatenscheiben in Öl
1 kleine Zucchini
½ Bund Schnittlauch
1 El gehackte Haselnüsse
3 El Rapsöl
1 Ei (Größe L)
60 g Dinkelmehl
1/3 Tl Backpulver
Salz
Pfeffer
Cayennepfeffer
Öl für die Tassen

Zubereitungszeit: ca. 15 Minuten
Pro Tasse ca. 339 kcal/1422 kJ
9 g E, 23 g F, 24 g KH

1 Die Tomatenscheiben mit Küchenkrepp trocken tupfen und hacken. Die Zucchini waschen, putzen, schälen und raspeln. 60 g abwiegen. Den Schnittlauch waschen, trocken tupfen und in feine Ringe schneiden. Die Haselnüsse in einer Pfanne ohne Fett goldgelb anrösten. Alles zusammen in einer Schüssel mischen.

2 Das Öl mit dem Ei in einer Rührschüssel verquirlen. Mehl mit Backpulver mischen und darübersieben. Alles verquirlen, dann die Zucchinimischung unterrühren. Zum Schluss den Teig pikant mit Salz, Pfeffer und Cayennepfeffer abschmecken.

3 Zwei Tassen mit Öl einfetten. Den Teig auf die Tassen verteilen. Nacheinander bei 800 Watt für 1 Minute 50 Sekunden in die Mikrowelle stellen. Heiß servieren. Wenn ein Topping dazu gereicht werden soll, schmeckt die Schafskäsecreme (s. S. 231) oder die Thunfischcreme (s. S. 232) besonders lecker.

4 Für die Zubereitung ohne Mikrowelle ofenfeste Tassen verwenden. Den Backofen auf 180 °C vorheizen und die Küchlein auf der mittleren Schiene etwa 25 Minuten backen.

Feiner
Fitmacher!

Vegetarisch

FETA-MUG-CAKES
mit Dill

**Für 2 Tassen
à ca. 220 ml**

40 g Feta
½ Bund Dill
6 schwarze Oliven ohne
Stein
2 El Olivenöl
1 Ei (Größe L)
60 g Mehl, mit Backpulver
versetzt
2 El Kräuterquark
1 El Milch
Salz
Pfeffer
Olivenöl für die Tassen

Zubereitungszeit: ca. 10 Minuten
Pro Tasse ca. 343 kcal/1440 kJ
12 g E, 23 g F, 22 g KH

1 Den Feta klein würfeln oder mit den Händen zerkrümeln. Den Dill waschen, trocken tupfen und die zarten Blättchen hacken. Die Oliven ebenfalls hacken.

2 Das Olivenöl mit dem Ei verquirlen. Das Mehl darübersieben und den Kräuterquark hinzugeben. Alles mit der Milch glatt verquirlen, dann salzen und pfeffern. Nun Feta, Dill und Oliven unterrühren.

3 Zwei Tassen mit Olivenöl einfetten. Den Teig auf die Tassen verteilen und diese nacheinander bei 800 Watt für ca. 1 Minute 50 Sekunden in die Mikrowelle stellen. Als Topping passt neben der Schafskäsecreme (s. S. 232) auch die Thunfischcreme (s. S. 231) besonders gut.

4 Bei der Zubereitung ohne Mikrowelle ofenfeste Tassen verwenden. Den Backofen auf 180 °C vorheizen und die Küchlein auf der mittleren Schiene etwa 25 Minuten backen.

Löffelweise
Genuss!

PIKANTE MUG CAKES MIT FISCH & FLEISCH

THUNFISCH-MUG-CAKES
mit Wasabi

**Für 2 Tassen
à ca. 220 ml**

75 g Thunfisch aus der Dose
(im eigenen Saft)
3 Tl möglichst kleine Kapern
2 Stängel Basilikum
2 El Rapsöl
1 Ei (Größe L)
50 g Mehl, mit Backpulver
versetzt
2 El Sahne
1 Prise Wasabipulver
Salz
Pfeffer

Außerdem
Basilikum zum Garnieren
Rapsöl für die Tassen

Zubereitungszeit: ca. 10 Minuten
Pro Tasse ca. 341 kcal/1430 kJ
16 g E, 23 g F, 18 g KH

1 Den Thunfisch in einem Sieb abtropfen lassen. Dann mit der Gabel zerpflücken. Die Kapern ebenfalls abtropfen lassen. Basilikum waschen, trocken tupfen und die Blättchen hacken.

2 Das Rapsöl mit dem Ei verquirlen. Das Mehl darübersieben und die Sahne hinzugeben. Alles glatt verquirlen. Mit Wasabipulver, Salz und Pfeffer pikant abschmecken. Dann den Thunfisch, die Kapern und das Basilikum unterheben.

3 Zwei Tassen mit Rapsöl einfetten. Den Teig auf die Tassen verteilen. Nacheinander bei 800 Watt für ca. 1 Minute 40 Sekunden in die Mikrowelle stellen. Als Topping passt natürlich sehr gut die Thunfischcreme (s. S. 232).

4 Für die Zubereitung ohne Mikrowelle ofenfeste Tassen verwenden. Den Backofen auf 180 °C vorheizen. Die Küchlein auf der mittleren Schiene etwa 25 Minuten backen.

Der pure Genuss!

RÄUCHERLACHS-
Mug-Cakes

Für 2 Tassen
à ca. 220 ml

2 Stängel Dill
½ Bund Schnittlauch
80 g Räucherlachs
1 El Rapsöl
1 Ei (Größe L)
60 g Mehl, mit Backpulver
versetzt
1 Tl Honigsenf
2 El saure Sahne
Salz
Pfeffer

Außerdem
Honigsenf und Dill zum
Garnieren
Öl für die Tassen

Zubereitungszeit: ca. 10 Minuten
Pro Tasse ca. 275 kcal/1153 kJ
15 g E, 15 g F, 22 g KH

1 Den Dill und den Schnittlauch waschen und trocken tupfen. Die feinen Dillblättchen hacken, Schnittlauch in dünne Ringe schneiden. Den Lachs zerpflücken.

2 Das Rapsöl mit dem Ei in eine Rührschüssel geben und verquirlen. Das Mehl darübersieben, Honigsenf und saure Sahne hinzugeben und alles glatt verrühren. Den Teig mit Salz und Pfeffer abschmecken, dann die Kräuter und den Lachs unterrühren.

3 Zwei Tassen mit Öl einfetten. Den Teig darauf verteilen und nacheinander bei 800 Watt für ca. 1 Minute 50 Sekunden in die Mikrowelle stellen. Zum Servieren auf jede Tasse 1 kleinen Klecks Honigsenf und 1 Dillzweig geben. Sofort servieren.

4 Für die Zubereitung ohne Mikrowelle ofenfeste Tassen verwenden. Den Backofen auf 180 °C vorheizen und die Küchlein auf der mittleren Schiene etwa 25 Minuten backen.

Frisch verliebt in Räucherlachs!

Mug-Cakes
MIT FORELLE

**Für 2 Tassen
à ca. 220 ml**

75 g geräuchertes Forellenfilet
2 Zweige glatte Petersilie
1 El Rapsöl
1 Ei (Größe L)
60 g Mehl, mit Backpulver
versetzt
2 El Sahnemeerrettich aus
dem Glas
1 El Sahne
Salz
Pfeffer

Außerdem
Sahnemeerrettich und Pe-
tersilie zum Garnieren
Öl für die Tassen

Zubereitungszeit: ca. 10 Minuten
Pro Tasse ca. 279 kcal/1172 kJ
16 g E, 15 g F, 22 g KH

1 Das Forellenfilet zerpflücken, die Petersilie waschen, trocken tupfen und die Blättchen hacken.

2 Das Rapsöl mit dem Ei verquirlen. Das Mehl darübersieben und den Sahnemeerrettich mit der Sahne
hinzugeben. Alles glatt verquirlen und mit Salz und
Pfeffer abschmecken. Dann Petersilie und Forellen-
stücke unterheben.

3 Zwei Tassen mit Butter einfetten. Den Teig darauf
verteilen und die Tassen nacheinander bei 800 Watt
für ca. 1 Minute 40 Sekunden in die Mikrowelle stellen. Jeweils 1 Klecks Sahnemeerrettich daraufgeben
und mit 1 Petersilienblatt garnieren.

4 Für die Zubereitung ohne Mikrowelle ofenfeste
Tassen verwenden. Den Backofen auf 180 °C vorheizen und die Küchlein auf der mittleren Schiene etwa
25 Minuten backen.

Aroma in jedem
Bissen!

KRABBEN-MUG-CAKES
mit Limette

**Für 2 Tassen
à ca. 220 ml**

75 g gegarte Krabben
½ Tl frisch gehackte Chilischote ohne Kerne
1 unbehandelte Limette
30 g Butter
1 Ei (Größe L)
60 g Mehl, mit Backpulver
versetzt
2 El Milch
Salz
Pfeffer
Butter für die Tassen

Zubereitungszeit: ca. 10 Minuten
Pro Tasse ca. 304 kcal/1274 kJ
14 g E, 18 g F, 22 g KH

1 Die Krabben abspülen, trocken tupfen und halbie-ren. Die Chilischote mit den Krabben mischen. Die Limette heiß waschen, trocknen, 1 Messerspitze Schale abreiben und 1 Esslöffel Saft auspressen. Den Saft über die Krabben gießen.

2 Die Butter in eine Rührschüssel geben. Für etwa 40 Sekunden bei 800 Watt in die Mikrowelle stellen, bis sie geschmolzen ist. Das Ei hinzugeben und bei-des verquirlen. Dann das Mehl darübersieben und die Milch dazugießen. Alles glatt verquirlen.

3 Krabben mit Limettensaft, der abgeriebenen Schale und der Chilischote hinzugeben und verrüh-ren. Alles mit Salz und Pfeffer pikant abschmecken.

4 Den Teig auf zwei gebutterte Tassen verteilen. Nacheinander bei 800 Watt für ca. 1 Minute 50 Se-kunden in die Mikrowelle stellen. Sofort servieren. Als Topping passt besonders gut die Aioli (s. S. 236) und die Thunfischcreme (s. S. 232).

5 Für die Zubereitung ohne Mikrowelle ofenfeste Tassen verwenden. Den Backofen auf 180 °C vorhei-zen. Die Butter in einer kleinen Pfanne zerlassen, dann wie oben beschrieben vorgehen und die Küch-lein auf der mittleren Schiene ca. 25 Minuten backen.

Grüße aus
dem Meer!

ELSÄSSER
Mug-Cakes

**Für 2 Tassen
à ca. 220 ml**

60 g Speck
1 kleine Zwiebel
1 Apfel
20 g Butter
1 Ei
60 g Mehl, mit Backpulver
versetzt
Salz
Pfeffer
Butter für die Tassen und die
Zwiebelringe

Zubereitungszeit: ca. 15 Minuten
Pro Tasse ca. 452 kcal/1898 kJ
8 g E, 36 g F, 25 g KH

**Mit Speck fängt
man Mäuse!**

1 Den Speck klein würfeln und in einer Pfanne kross auslassen. Auf Küchenkrepp abtropfen lassen. Die Zwiebel schälen. Eine Hälfte hacken, die andere Hälfte in Ringe schneiden. Den Apfel schälen, vierteln und entkernen. 60 g abwiegen und würfeln. Mit den Zwiebelwürfeln im verbliebenen Speckfett etwa 5 Minuten dünsten. Dann herausnehmen und die Zwiebelringe in der Pfanne mit 1 Stich Butter braten.

2 Die Butter in einer Schüssel bei 800 Watt etwa 40 Sekunden in der Mikrowelle schmelzen. Das Ei hinzugeben und mit der Butter verquirlen. Das Mehl darübersieben und unterrühren. Speck (bis auf 1 Teelöffel), Apfel- und Zwiebelwürfel unter den Teig heben, salzen, pfeffern und den Teig auf zwei gebutterte Tassen verteilen. Nacheinander bei 800 Watt für ca. 1 Minute 50 Sekunden in die Mikrowelle stellen.

3 Die Mug Cakes mit den Zwiebelringen belegen und mit den restlichen Speckwürfeln bestreuen. Mit 1 Apfelschnitz dekoriert sofort servieren.

4 Für die Zubereitung ohne Mikrowelle ofenfeste Tassen verwenden und den Backofen auf 180 °C vorheizen. Die Butter in einer Pfanne zerlassen und wie oben beschrieben vorgehen. Die Küchlein auf der mittleren Schiene ca. 25 Minuten backen.

RESTE-MUG-CAKES
mit Penne

**Für 2 Tassen
à ca. 220 ml**

100 g gegarte Penne
1 Scheibe gekochter
Schinken
(ca. 25 g)
½ Bund Schnittlauch
2 Eier
50 ml Sahne
Salz
Pfeffer
Paprikapulver
Butter für die Tassen

Zubereitungszeit: ca. 5 Minuten
Pro Tasse ca. 248 kcal/1041 kJ
14 g E, 16 g F, 13 g KH

1 Die Penne halbieren oder grob hacken. Vom Schinken den Fettstreifen entfernen und den Schinken klein schneiden. Den Schnittlauch waschen, trocken tupfen und in feine Ringe schneiden. Nudeln, Schinken und Schnittlauch in einer Schüssel vermengen.

2 Die Eier mit der Sahne verquirlen und mit Salz, Pfeffer und Paprikapulver pikant abschmecken. Die Nudelmischung auf zwei gebutterte Tassen verteilen. Mit der Eiersahne übergießen und nacheinander bei 800 Watt für ca. 2 Minuten in die Mikrowelle stellen. Sofort servieren. Als Topping passt besonders gut ein Klecks Aioli (s. S. 236).

3 Für die Zubereitung ohne Mikrowelle ofenfeste Tassen verwenden. Den Backofen auf 180 °C vorheizen. Die Eier trennen und das Eiweiß steif schlagen. Dann wie oben beschrieben vorgehen und zum Schluss den Eischnee unterheben. Die Küchlein auf der mittleren Schiene ca. 25 Minuten backen.

Zum Reinlegen!

Mit Fisch & Fleisch

RESTE-MUG-CAKES
mit Roggenbrot

**Für 2 Tassen
à ca. 220 ml**

50 g Speck
100 g Roggenbrot
4 Stiele glatte Petersilie
2 Eier
100 ml Milch
Salz
Pfeffer

Außerdem
2 Scheiben Speck
Butter für die Tassen

Zubereitungszeit: ca. 10 Minuten
Pro Tasse ca. 321 kcal/1350 kJ
17 g E, 17 g F, 25 g KH

Ran an den
Speck!

1 Den Speck klein würfeln. In Küchenkrepp gepackt bei 800 Watt für ca. 2 Minuten in die Mikrowelle legen. Das Roggenbrot klein würfeln. Die Petersilie waschen, trocken tupfen und die Blättchen hacken. Alle 3 Zutaten in einer Schüssel mischen.

2 Die Eier mit der Milch verquirlen. Sanft salzen und kräftig pfeffern.

3 Zwei gebutterte Tassen mit der Roggenbrotmischung füllen, dabei sacht festdrücken. Die Eiermilch darübergießen. Die Tassen bei 800 Watt für ca. 2 Minuten nacheinander in die Mikrowelle stellen. Anschließend Küchenkrepp auf einen Teller legen. Die Speckscheiben in Küchenkrepp wickeln, bei 800 Watt für 2 Minuten in die Mikrowelle stellen und knusprig zu den Mug Cakes reichen. Wer mag, kann dazu noch Aioli servieren (s. S. 236).

4 Für die Zubereitung ohne Mikrowelle ofenfeste Tassen verwenden. Den Backofen auf 180 °C vorheizen. Den gewürfelten Speck in einer Pfanne ohne Fett auslassen. Die Eier trennen und das Eiweiß steif schlagen. Dann wie oben beschrieben vorgehen und zum Schluss den Eischnee unterheben. Die Küchlein auf der mittleren Schiene ca. 25 Minuten backen. Die Speckstreifen in der Zwischenzeit in einer Pfanne knusprig braten.

KRÄUTER-MUG-CAKES
mit Bärlauch

Für 2 Tassen
à ca. 220 ml

50 g roher Schinken
(z.B. Schwarzwälder Schinken)
2 Stiele glatte Petersilie
2 Blätter Bärlauch
(ersatzweise 1 Bund Schnittlauch)
1 Frühlingszwiebel
1 El geriebener Parmesan
30 g Butter
1 Ei (Größe L)
60 g Mehl, mit Backpulver
versetzt
2 El Milch
Pfeffer
Salz
Butter für die Tassen

Zubereitungszeit: ca. 15 Minuten
Pro Tasse ca. 351 kcal/1320 kJ
15 g E, 19 g F, 22 g KH

1 Den Schinken in kleine Stücke schneiden. Die Kräuter waschen, trocken tupfen und die Blätter fein hacken. Die Frühlingszwiebel waschen, putzen, trocknen und das Weiße und Hellgrüne in sehr feine Ringe schneiden. Alles mit dem Parmesan in einer Schüssel mischen.

2 Die Butter bei 800 Watt für 40 Sekunden in die Mikrowelle stellen. Das Ei hinzugeben und glatt verquirlen. Das Mehl darübersieben und mit der Milch verquirlen. Die Schinken-Kräuter-Mischung unterrühren. Alles kräftig pfeffern und vorsichtig salzen, da der Schinken schon salzig ist.

3 Den Teig in zwei gebutterte Tassen füllen. Nacheinander bei 800 Watt für ca. 1 Minute 50 Sekunden in die Mikrowelle stellen. Heiß servieren. Nach Belieben ein Topping dazu reichen. Besonders gut passt dazu die Schafskäsecreme (s. S. 231).

4 Für die Zubereitung ohne Mikrowelle ofenfeste Tassen verwenden. Den Backofen auf 180 °C vorheizen. Die Butter in einer kleinen Pfanne schmelzen. Dann wie oben beschrieben den Teig zubereiten und die Küchlein auf der mittleren Schiene ca. 25 Minuten backen.

Herzhaftes
Häppchen!

Mit Fisch & Fleisch

PAPRIKA-MUG-CAKES
mit Sardellen

**Für 2 Tassen
à ca. 220 ml**

60 g eingelegte Paprika ohne
Haut
2 Sardellenfilets
25 g Schafskäse
3 Stiele glatte Petersilie
2 El Rapsöl
2 Eier (Größe M)
20 g Mehl, mit Backpulver
versetzt
Pfeffer
Salz
Öl für die Tassen

Zubereitungszeit: ca. 10 Minuten
Pro Tasse ca. 257 kcal/1079 kJ
11 g E, 20 g F, 9 g KH

Kulinarische Grüße
vom Mittelmeer!

1 Die Paprika trocken tupfen und in kleine Würfel schneiden. Die Sardellenfilets gründlich abspülen, trocken tupfen und hacken. Den Schafskäse würfeln. Die Petersilie waschen, trocken tupfen und die Blätter hacken. Alles in einer Schüssel mischen.

2 Das Öl mit den Eiern verquirlen. Das Mehl darübersieben und verquirlen. Dann die Paprika-Mischung unterrühren und den Teig kräftig mit Pfeffer und nur ganz sanft mit Salz würzen (die Sardellen sind bereits sehr salzig).

3 Zwei Tassen mit Öl einfetten und den Teig darauf verteilen. Nacheinander bei 800 Watt für ca. 2 Minuten in die Mikrowelle stellen. Sofort servieren. Nach Belieben mit einem Topping garnieren. Besonders gut passt die Schafskäsecreme oder die Thunfischcreme (s. S. 231 und 232).

4 Für die Zubereitung ohne Mikrowelle ofenfeste Tassen verwenden. Den Backofen auf 180 °C vorheizen. Die Eier trennen und die Eiweiße steif schlagen. Ansonsten wie oben beschrieben vorgehen und zum Schluss den Eischnee unterheben. Die Küchlein auf der mittleren Schiene ca. 20 Minuten backen.

CHORIZO-MUG-CAKES
mit Süßkartoffeln

**Für 2 Tassen
à ca. 220 ml**

75 g gegarte Süßkartoffel
(ersatzweise Pellkartoffel)
40 g Chorizo
½ Knoblauchzehe
20 g Cheddar
1 Ei (Größe L)
2 El Olivenöl
50 g Mehl, mit Backpulver
versetzt
2 El Milch
Salz
Pfeffer
Kreuzkümmel
Öl für die Tassen

Zubereitungszeit: ca. 15 Minuten
Pro Tasse ca. 380 kcal/1598 kJ
14 g E, 24 g F, 28 g KH

1 Die Süßkartoffel pellen und klein würfeln. Die Chorizo fein würfeln und in Küchenkrepp wickeln. Bei 800 Watt für ca. 2 Minuten in die Mikrowelle stellen, dann mit der Süßkartoffel mischen. Die Knoblauchzehe durch die Presse dazudrücken. Den Cheddar reiben und mit den bisherigen Zutaten mischen.

2 Das Ei mit dem Öl verquirlen. Das Mehl darübersieben und mit der Milch verquirlen. Die Süßkartoffelmischung unterheben. Alles salzen, pfeffern und mit Kreuzkümmel abschmecken.

3 Zwei Tassen mit Öl einfetten. Den Teig auf die Tassen verteilen und die Mug Cakes nacheinander bei 800 Watt für ca. 1 Minute 50 Sekunden in die Mikrowelle stellen. Sofort servieren. Nach Belieben ein Topping dazu reichen. Besonders gut passt die Erbsencreme (s. S. 228).

4 Für die Zubereitung ohne Mikrowelle ofenfeste Tassen verwenden und den Backofen auf 180 °C vorheizen. Die Chorizowürfel in einer Pfanne knusprig auslassen. Ansonsten wie oben beschrieben vorgehen. Auf der mittleren Schiene ca. 25 Minuten backen.

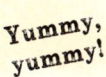

Yummy,
yummy!

Mit Fisch & Fleisch

GEFLÜGEL-MUG-CAKES
mit Erbsen und Möhren

**Für 2 Tassen
à ca. 220 ml**

75 g Erbsen und Möhren (TK)
Salz
75 g Geflügelwürstchen
30 g Butter
1 Ei (Größe L)
50 g Mehl, mit Backpulver
versetzt
2 El Milch
Pfeffer
Butter für die Tassen

Zubereitungszeit: ca. 15 Minuten
Pro Tasse ca. 393 kcal/1650 kJ
17 g E, 24 g F, 27 g KH

Auch für Kinder
ein Hit!

1 Die Erbsen-Möhren-Mischung in leicht gesalzenem Wasser ca. 10 Minuten gar kochen. Abgießen und abtropfen lassen. Die Geflügelwürstchen klein würfeln.

2 Die Butter in einer Rührschüssel bei 800 Watt für ca. 40 Sekunden in die Mikrowelle stellen. Das Ei hinzugeben und mit der Butter verquirlen. Das Mehl darübersieben und die Milch dazugeben. Alles glatt verquirlen. Dann das Gemüse und die Wurststücke unterheben. Kräftig mit Salz und Pfeffer würzen.

3 Den Teig auf zwei gebutterte Tassen verteilen. Nacheinander bei 800 Watt für ca. 1 Minute 50 Sekunden in die Mikrowelle stellen. Heiß servieren und nach Belieben mit einem Topping versehen. Besonders gut passt hier die Erbsencreme (s. S. 228).

4 Für die Zubereitung ohne Backofen ofenfeste Tassen verwenden und den Ofen auf 180 °C vorheizen. Die Butter in einer kleinen Pfanne zerlassen, dann den Teig wie oben beschrieben zubereiten. Auf der mittleren Schiene ca. 25 Minuten backen.

CABANOSSI-MUG-CAKES
mit Zucchini

**Für 2 Tassen
à ca. 220 ml**

40 g Cabanossi
1 kleine Zucchini
2 El Sonnenblumenöl
1 Ei (Größe L)
50 g Mehl, mit Backpulver
versetzt
1 El Joghurt
1 El frisch gehackte Kräuter
(ersatzweise TK)
Salz
Pfeffer
Paprikapulver
Öl für die Tassen

Zubereitungszeit: ca. 10 Minuten
Pro Tasse ca. 305 kcal/1283 kJ
11 g E, 21 g F, 19 g KH

1 Die Cabanossi in sehr kleine Würfel schneiden oder hacken. Die Zucchini waschen, trocknen, putzen und raspeln. 60 g abwiegen, den Rest anderweitig verwenden.

2 Das Öl mit dem Ei verquirlen. Das Mehl darübersieben und mit dem Joghurt unterrühren. Dann die Kräuter, die Cabanossi und die Zucchini unterrühren. Alles pikant mit Salz, Pfeffer und Paprikapulver abschmecken.

3 Den Teig auf zwei gefettete Tassen verteilen. Nacheinander bei 800 Watt für ca. 1 Minute 50 Sekunden in die Mikrowelle stellen. Heiß servieren. Dazu passt sehr gut die Schafskäse- oder die Ziegenkäsecreme (s. S. 231 oder 235). Die übrig gebliebenen Zucchini-Raspel können dann einfach in die jeweilige Creme gerührt werden.

4 Bei der Zubereitung ohne Mikrowelle ofenfeste Tassen verwenden und den Backofen auf 180 °C vorheizen. Auf der mittleren Schiene ca. 25 Minuten backen.

Yummy, yummy!

Mit Fisch & Fleisch

FESTTAGS-MUG-CAKES
mit Pastete

**Für 2 Tassen
à ca. 220 ml**

50 g Wildpastete
1 reife, aber feste Birne
20 g Butter
1 Ei (Größe L)
50 g Mehl, mit Backpulver
versetzt
Salz
Pfeffer
1 Prise Lebkuchengewürz

Außerdem
Preiselbeeren aus dem Glas
zum Garnieren
Butter für die Tassen

Zubereitungszeit: ca. 10 Minuten
Pro Tasse ca. 316 kcal/1327 kJ
11 g E, 21 g F, 22 g KH

Wir bitten zu Tisch!

1 Die Wildpastete in kleine Würfel schneiden. Die Birne schälen, vierteln, das Kerngehäuse entfernen und vom Fruchtfleisch 60 g raspeln. Von der restlichen Birne 2 Schnitze zum Garnieren abschneiden.

2 Die Butter in einer Rührschüssel bei 800 Watt ca. 40 Sekunden in die Mikrowelle stellen. Dann das Ei hinzugeben und mit der Butter verquirlen. Das Mehl darübersieben und mit den Birnenraspeln unterrühren. Den Teig salzen und pfeffern und mit dem Lebkuchengewürz verrühren. Zum Schluss vorsichtig die Wildpastete unterheben.

3 Den Teig auf zwei gebutterte Tassen verteilen. Nacheinander bei 800 Watt für ca. 1 Minute 50 Sekunden in die Mikrowelle stellen. Mit je 1 Klecks Preiselbeeren und 1 Birnenschnitz garnieren und sofort servieren.

4 Für die Zubereitung ohne Mikrowelle ofenfeste Tassen verwenden und den Backofen auf 180 °C vorheizen. Die Butter in einem kleinen Pfännchen schmelzen, dann wie oben beschrieben den Teig zubereiten und die Küchlein auf der mittleren Schiene ca. 25 Minuten backen.

Deftige
BIER-MUG-CAKES

**Für 2 Tassen
à ca. 220 ml**

50 g gekochter Schinken
20 g mittelalter Gouda
4 Stiele Petersilie
2 El Sonnenblumenöl
1 Ei (Größe L)
60 g Mehl, mit Backpulver
versetzt
3 El Bier
Salz
Pfeffer
Öl für die Tassen

Zubereitungszeit: ca. 10 Minuten
Pro Tasse ca. 321 kcal/1350 kJ
17 g E, 18 g F, 22 g KH

1 Vom Schinken den Fettrand entfernen und das Fleisch klein würfeln. Den Gouda reiben. Die Petersilie waschen, trocken tupfen und die Blättchen hacken.

2 Das Sonnenblumenöl mit dem Ei verquirlen. Das Mehl darübersieben und das Bier hinzugießen. Alles glatt verquirlen. Dann Schinken, Käse und Petersilie unterrühren und den Teig kräftig mit Salz und Pfeffer würzen.

3 Den Teig auf zwei eingefettete Tassen verteilen. Bei 800 Watt für ca. 1 Minute 50 Sekunden in die Mikrowelle stellen. Heiß servieren. Dazu passt besonders gut Aioli (s. S. 236).

4 Für die Zubereitung ohne Mikrowelle ofenfeste Tassen verwenden. Den Backofen auf 180 °C vorheizen. Auf der mittleren Schiene ca. 25 Minuten backen.

**Tischlein
deck dich!**

SALSICCIA-MUG-CAKES
mit Kräutern

**Für 2 Tassen
à ca. 220 ml**

2 Stiele Petersilie
2 Stiele Oregano
75 g Salsiccia
2 El Öl
1 Ei (Größe L)
60 g Mehl, mit Backpulver
versetzt
3 El Ricotta
1 El Milch
½ Tl abgeriebene Schale von
1 unbehandelten Zitrone
Salz
Pfeffer
Cayennepfeffer
Öl für die Tassen

Zubereitungszeit: ca. 15 Minuten
Pro Tasse ca. 374 kcal/1573 kJ
13 g E, 26 g F, 22 g KH

1 Die Kräuter waschen, trocken tupfen und die Blättchen hacken. Die Salsiccia aus der Pelle drücken und dabei kleine Bällchen formen.

2 1 Esslöffel Öl in einer Pfanne erhitzen und die Wurstbällchen knusprig braun braten. Dann beiseitestellen.

3 Das restliche Öl mit dem Ei verquirlen. Das Mehl darübersieben. Ricotta mit Milch und Zitronenschale glatt rühren. Mit Salz, Pfeffer und Cayennepfeffer würzen. Zum Mehl geben und alles glatt verrühren. Dann die Fleischbällchen unterheben.

4 Zwei Tassen mit Öl einfetten. Den Teig auf die Tassen verteilen und nacheinander bei 800 Watt für ca. 1 Minute 50 Sekunden in der Mikrowelle backen.

5 Für die Zubereitung ohne Mikrowelle ofenfeste Förmchen verwenden. Den Backofen auf 180 °C vorheizen und die Küchlein auf der mittleren Schiene ca. 20 Minuten backen.

Verliebt in
Italien!

HACKFLEISCH-MUG-CAKES
mit Lauch

**Für 2 Tassen
à ca. 220 ml**

75 g Lauch
(alternativ: 2 Schalotten. 60
g)
3 El Olivenöl
75 g Hackfleisch
1 Ei (Größe L)
50 g Mehl, mit Backpulver
versetzt
2 El Joghurt
½ Tl Senf
2 El Milch
Salz
Pfeffer
Öl für die Tassen

Zubereitungszeit: ca. 15 Minuten
Pro Tasse ca. 306 kcal/1287 kJ
15 g E, 17 g F, 23 g KH

1 Den Lauch waschen, putzen, trocknen und klein würfeln.

2 2 Teelöffel Olivenöl in einer kleinen Pfanne erhitzen und das Hackfleisch darin krümelig anbraten. Den Lauch hinzugeben und ca. 5 Minuten braten. Alles salzen und pfeffern, dann beiseitestellen.

3 Das Ei mit dem restlichen Olivenöl verquirlen. Das Mehl dazusieben. Joghurt mit Senf und Milch glatt rühren und zum Mehl geben. Alles glatt verquirlen. Mit Salz und Pfeffer würzen, dann die Hackfleischmischung unterrühren.

4 Zwei Tassen mit Öl einfetten. Den Teig darauf verteilen. Beide Tassen nacheinander bei 800 Watt für ca. 1 Minute 40 Sekunden in die Mikrowelle stellen. Warm servieren. Dazu passt sehr gut die Schafskäsecreme (s. S. 231).

5 Für die Zubereitung ohne Mikrowelle ofenfeste Förmchen verwenden und den Backofen auf 180 °C vorheizen. Die Küchlein auf der mittleren Schiene ca. 20 Minuten backen.

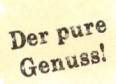

Der pure
Genuss!

MUG MEALS - TOLLE SNACKS

APPLE-CRUMBLE
mit Vanillesauce

Für 2 Tassen
à 360 ml

Für den Apple-Crumble
4 El Butter
100 g Vollkorn-Butterkekse
50 g gemahlene Haselnüsse
50 g Mandelblättchen
1 El brauner Zucker
4 kleine Äpfel (insgesamt ca.
380 g)
40 ml Sahne
2 El Rosinen
1 Msp. Zimt

Für die Vanillesauce
125 ml Milch
125 ml Sahne
2 P. Vanillezucker
1 El Speisestärke
1 Prise Salz
1 Eigelb

Zubereitungszeit: ca. 10 Minuten
(plus Garzeit)
Pro Tasse ca. 938 kcal/3927 kJ
15 g E, 73 g F, 56 g KH

1 3 Esslöffel Butter bei 800 Watt ca. 30 Sekunden in die Mikrowelle stellen, bis sie flüssig ist. Die Butterkekse mit der Küchenrolle zerkrümeln. Mit Haselnüssen, Mandelblättchen und braunem Zucker mischen. Die Butter darübergießen und alles krümelig rühren.

2 Die restliche Butter auf zwei Tassen verteilen und bei 800 Watt für 30 Sekunden in die Mikrowelle stellen. Die Tassen damit ausstreichen. Die Hälfte der Keksmischung in die Tassen geben und festdrücken.

3 Die Äpfel schälen und vierteln. Das Kerngehäuse entfernen und die Apfelviertel in dünne Scheiben schneiden. Mit Sahne, Rosinen und Zimt verrühren und auf die Tassen verteilen. Die restliche Keksmischung darauf verteilen. Abgedeckt nacheinander bei 800 Watt 8 Minuten garen. Nach 3 Minuten Garzeit jeweils die Abdeckung entfernen.

4 Für die Vanillesauce Milch, Sahne, Vanillezucker, Speisestärke und Salz glatt verrühren. Bei 800 Watt 3 Minuten und 30 Sekunden garen. Nach 1 Minute 50 Sekunden einmal umrühren.

5 Das Eigelb in einer Schale verquirlen und die heiße Vanillesauce in dünnem Strahl dazuquirlen. Zum Apple-Crumble servieren.

QUARKAUFLAUF
mit Mandelblättchen

**Für 2 Tassen
à 360 ml**

150 g Erdbeeren
150 g Blaubeeren
3 El Agavendicksaft
1 Tl Aceto balsamico
1 El Butter
250 g Speisequark (20 %)
50 g Mandelblättchen
2 Eier
1 Spritzer Zitronensaft

Zubereitungszeit: ca. 15 Minuten
Pro Tasse ca. 520 kcal/2178 kJ
26 g E, 33 g F, 30 g KH

1 Die Erdbeeren und Blaubeeren waschen und trocken tupfen. Die Erdbeeren putzen und würfeln. Die Blaubeeren ganz belassen. Beide Beerensorten in einer Schüssel mit 1 Esslöffel Agavendicksaft und dem Aceto balsamico mischen. Abgedeckt bis zum Servieren ruhen lassen.

2 Die Butter auf die Tassen verteilen und zusammen bei 800 Watt für ca. 30 Sekunden in die Mikrowelle stellen, bis sie flüssig ist. Dann die Tassen damit ausstreichen.

3 Den Quark mit den Mandelblättchen, den Eiern, dem restlichen Agavendicksaft und dem Zitronensaft verquirlen. Dann auf die Tassen verteilen. Nacheinander abgedeckt bei 600 Watt für 4 Minuten in der Mikrowelle garen. Herausnehmen, leicht abkühlen lassen und mit dem Beerenkompott servieren.

Bunt & gesund
mit Beeren!

Tolle Snacks

HOKKAIDO-BROTAUFSTRICH
mit Quark

**Für 2 Tassen
à ca. 300 ml**

200 g Hokkaido-Frucht-
fleisch (ohne Kerne und
Schale)
2 El Butter
100 g Magerquark
50 g Doppelrahmfrischkäse
Salz
Pfeffer
Cayennepfeffer
2 Spritzer Zitronensaft
2 Stängel glatte Petersilie

Außerdem
getoastetes Weißbrot zum
Servieren

Zubereitungszeit: ca. 15 Minuten
Pro Tasse ca. 227 kcal/949 kJ
12 g E, 17 g F, 8 g KH

1 Das Hokkaido-Fruchtfleisch in kleine Würfel schneiden und auf zwei Tassen verteilen. Jeweils 1 Esslöffel Butter darübergeben und die Tassen nacheinander abgedeckt bei 800 Watt 3 Minuten 30 Sekunden in der Mikrowelle garen. Herausnehmen, kurz ruhen lassen und dann das Fruchtfleisch mit einer Gabel zerdrücken.

2 Magerquark mit Frischkäse pürieren und jeweils die Hälfte unter die lauwarmen Kürbismischungen rühren. Alles mit Salz, Pfeffer, etwas Cayennepfeffer und Zitronensaft abschmecken. Die Petersilie waschen, trocken tupfen und die Blättchen hacken. Über die Kürbispaste streuen. Dazu getoastetes Weißbrot reichen.

Einfach
yummy!

KÄSE-FONDUE
mit Kirschwasser

**Für 2 Tassen
à 250 ml**

1 Knoblauchzehe
60 g Emmentaler
60 g Greyerzer
60 g Raclette-Käse
125 ml Weißwein
1 Msp. Speisestärke
50 ml Sahne
1 Tl Kirschwasser
Salz
Pfeffer
Muskat

Außerdem
4 Scheiben Baguette

Zubereitungszeit: ca. 12 Minuten
Pro Tasse ca. 406 kcal/1698 kJ
19 g E, 31 g F, 4 g KH

1 Die Knoblauchzehe schälen und halbieren. Beide Tassen damit einreiben. Alle Käsesorten reiben und mischen. Die Hälfte des geraspelten Käses mit dem Weißwein auf die Tassen verteilen.

2 Die Tassen abgedeckt nacheinander bei 800 Watt für 1 Minute erhitzen. Mit einer Gabel umrühren. Dann weitere 30 Sekunden erhitzen und anschließend erneut umrühren. Die Speisestärke mit der Sahne verrühren und auf die Tassen verteilen. Gut mit einer Gabel unterrühren. Die Tassen abgedeckt nacheinander bei 800 Watt 1 weitere Minute erhitzen.

3 Den restlichen Käse und das Kirschwasser auf die Tassen verteilen. So lange rühren, bis der Käse geschmolzen ist. Dann die Mischung mit Salz, Pfeffer und Muskat abschmecken.

4 Das Baguette in kleine Würfel schneiden und zum Käsefondue reichen. Hierzu schmeckt sehr gut ein frischer, grüner Salat.

Swiss rocks!

Tolle Snacks

KRÄUTERCREMESUPPE
mit Crème fraîche

**Für 2 Tassen
à 360 ml**

1 Bund Schnittlauch
4 Stängel glatte Petersilie
½ Bund Kerbel
300 ml Gemüsebrühe
225 g Crème fraîche
2 Tl Speisestärke
2 Eigelb
Salz
Pfeffer
1 Spritzer Zitronensaft

Außerdem
2 Scheiben Landbrot und
Kräuterbutter

Zubereitungszeit: ca. 30 Minuten
Pro Tasse ca. 513 kcal/2148 kJ
7 g E, 52 g F, 6 g KH

1 Die Kräuter waschen und trocken tupfen. Den Schnittlauch in Röllchen schneiden. Von Petersilie und Kerbel die Blättchen abzupfen und hacken.

2 Die Gemüsebrühe auf die Tassen aufteilen und beide Tassen bei 800 Watt für 1 Minute 30 Sekunden in die Mikrowelle stellen.

3 Die Crème fraîche auf die Tassen verteilen und in die heiße Brühe rühren. Die Speisestärke mit 2 Esslöffeln kaltem Wasser glatt rühren. Dann Eigelb hinzugeben und alles verrühren. Die Mischung auf die beiden Tassen aufteilen und gut verrühren. Die Kräuter ebenfalls aufteilen und unterrühren. Beide Tassen salzen, pfeffern und mit ein paar Tropfen Zitronensaft abschmecken.

4 Die Tassen abdecken und nacheinander bei 600 Watt für 7 Minuten in die Mikrowelle stellen. Herausnehmen, kurz ruhen lassen, dann mit jeweils 1 Scheibe Brot und Kräuterbutter servieren.

Tassenweise
Genuss!

LOW-CARB-EI-SOUFFLÉ
auf Tomatencarpaccio

**Für 2 Tassen
à 360 ml**

2 aromatische Strauch-
tomaten
Salz
Pfeffer
2 Tl Aceto balsamico
1 El Olivenöl
2 Stängel Basilikum
1 Bund Schnittlauch
1 Tl Butter
4 Eiweiß
4 El frisch geriebener
Pecorino

Zubereitungszeit: 15 Minuten
Pro Tasse ca. 200 kcal/838 kJ
16 g E, 15 g F, 2 g KH

1 Die Tomaten waschen, trocknen und die Stielansätze entfernen. Anschließend in möglichst dünne Scheiben schneiden und zwei Kuchenteller damit auslegen. Mit Salz und Pfeffer würzen. Jeweils einige Tropfen Aceto balsamico und Olivenöl darüberträufeln.

2 Das Basilikum waschen, trocken tupfen und die Blätter in Streifen schneiden. Über die Tomaten geben. Den Schnittlauch waschen, trocken tupfen und in Röllchen schneiden. Die Butter auf beide Tassen verteilen. Nacheinander bei 800 Watt für 30 Sekunden in die Mikrowelle stellen. Anschließend die Tassen damit ausstreichen.

3 Eiweiß in eine Schale geben und etwas Salz, Pfeffer, den Schnittlauch und den Käse unterrühren, aber nicht stark verquirlen. Die Mischung auf die Tassen verteilen. Nacheinander bei 600 Watt ca. 1 Minute 10 Sekunden stocken lassen. Dann auf das Tomatencarpaccio stürzen.

Himmlich leicht &
teuflisch lecker!

LECKERES RÜHREI
mit Variationen

**Für 2 Tassen
à ca. 360 ml**

1 Bund Schnittlauch
1 Tl Butter
4 Eier
1 El Sahne
Salz
Pfeffer

Außerdem
Landbrot und gesalzene
Butter zum Servieren

Zubereitungszeit: ca. 10 Minuten
Pro Tasse ca. 237 kcal/990 kJ
16 g E, 19 g F, 1 g KH

So fängt der
Tag gut an!

1 Schnittlauch waschen, trocken schütteln und in Röllchen schneiden. ½ Teelöffel Butter in jede Tasse geben. Nacheinander bei 800 Watt für 30 Sekunden in die Mikrowelle stellen. Anschließend die Tassen mit der geschmolzenen Butter ausstreichen.

2 Die Eier mit der Sahne und dem Schnittlauch in einer Schüssel verschlagen und mit Salz und Pfeffer würzen. Die Mischung auf die Tassen verteilen. Die Tassen offen bei 800 Watt nacheinander für 30 Sekunden in die Mikrowelle stellen. Mit einer Gabel umrühren. Anschließend für jeweils für 10 Sekunden in die Mikrowelle stellen. Herausnehmen und umrühren. Diesen Vorgang noch zweimal wiederholen.

3 Die Tassen herausnehmen, erneut umrühren und ca. 1 Minute ruhen lassen. Dann mit je 1 Scheibe Landbrot und gesalzener Butter servieren.

Variation mit Tomaten und Käse: Lassen Sie bei der oben genannten Mischung die Sahne weg heben Sie stattdessen 8 halbierte Kirschtomaten und 40 g geraspelten Gouda unter.

Variation mit Schinken: Schneiden Sie 50 g gekochten Schinken in kleine Würfel und rühren Sie diese unter die Eier-Mischung.

TOMATEN-SNACK
mit Schafskäse

Für 2 Tassen
à ca. 360 ml

300 g Kirschtomaten
4 Stängel glatte Petersilie
1 Frühlingszwiebel
200 g Schafskäse
4 Tl Olivenöl
Salz
Pfeffer
Cayennepfeffer
gerebelter Oregano

Außerdem
gehackte Petersilie zum
Bestreuen

Zubereitungszeit: ca. 20 Minuten
Pro Tasse ca. 354 kcal/1483 kJ
19 g E, 29 g F, 4 g KH

1 Die Kirschtomaten waschen, trocknen, die Stielansätze entfernen und das Fruchtfleisch in Scheiben schneiden. Die Petersilie waschen, trocken tupfen und die Blättchen hacken. Die Frühlingszwiebel waschen, putzen und das Weiße und Hellgrüne in Ringe schneiden. Den Schafskäse zerbröckeln.

2 Die Tomaten mit der Petersilie und der Frühlingszwiebel mischen. Die Tassen mit jeweils 1 Teelöffel Olivenöl ausstreichen.

3 Die Hälfte der Tomatenmischung auf die Tassen verteilen. Mit Salz, Pfeffer, Cayennepfeffer und etwas Oregano bestreuen. Darauf die Hälfte des Schafskäses verteilen. Mit der restlichen Tomatenmischung bedecken und erneut würzen. Dann den restlichen Schafskäse darauf verteilen. Mit dem restlichen Olivenöl beträufeln.

4 Abdecken und nacheinander bei 800 Watt 3 Minuten garen. Mit etwas Petersilie bestreuen und sofort servieren.

Herrlich mediterran!

SEMMELKNÖDEL
mit Wildkräutersalat

Für 2 Tassen
à 300 ml

Für die Semmelknödel
120 g Brötchen vom Vortag
100 ml Milch
1 Ei
4 Stängel glatte Petersilie
Salz
Pfeffer
Muskat
1 El Butter

Für den Wildkräutersalat
200 g Wildkräutermischung
1 kleine Knolle Rote Bete
1 El Zitronensaft
2 El Aceto balsamico
1 Tl Honigsenf
Salz
Pfeffer
4 El Walnussöl

Zubereitungszeit: ca. 30 Minuten
Pro Tasse ca. 491 kcal/2056 kJ
14 g E, 31 g F, 41 g KH

1 Die Brötchen in kleine Würfel schneiden. Die Milch in eine Schüssel gießen und bei 800 Watt 50 Sekunden in der Mikrowelle erwärmen. Das Ei hineinquirlen. Die Brötchen hinzugeben, unterheben und ca. 10 Minuten abgedeckt ruhen lassen.

2 Die Petersilie waschen, trocken tupfen und die Blättchen hacken. Zu den Brötchen geben und alles mit Salz, Pfeffer und etwas Muskat würzen.

3 Die Butter auf zwei Tassen verteilen und diese bei 800 Watt für 30 Sekunden in die Mikrowelle stellen. Mit der nun flüssigen Butter die Tassen einfetten. Den Brötchenteig mit den Händen durchkneten und in die Tassen füllen. Etwas festdrücken und abgedeckt nacheinander bei 600 Watt 7 Minuten garen. Vor dem Servieren mindestens 5 Minuten ruhen lassen.

4 Für den Salat die Wildkräuter waschen, putzen und trocken schleudern. Die Rote Bete waschen, schälen und raspeln. In einer Schüssel mischen. Zitronensaft mit Aceto balsamico, Honigsenf und etwas Salz und Pfeffer verquirlen. Das Walnussöl darunterschlagen. Die Sauce über den Salat geben und unterheben. Auf zwei Schälchen verteilen und mit den Semmelknödeln servieren.

MUG MEALS –
LECKERE SATTMACHER

CHILI
con Carne

**Für 2 Tassen
à 400 ml**

1 Zwiebel
1 Knoblauchzehe
1 rote Paprikaschote
1 El Olivenöl
150 g Rinderhack
200 g Pizzatomaten
aus der Dose
Salz
Pfeffer
Chilipulver
gem. Kreuzkümmel
1 Prise Kakaopulver
200 g Kidneybohnen aus der
Dose

Außerdem
saure Sahne und Tortillafladen oder Reis zum Servieren

Zubereitungszeit: ca. 20 Minuten
Pro Tasse ca. 299 kcal/1252 kJ
22 g E, 17 g F, 16 g KH

1 Zwiebel und Knoblauchzehe schälen und hacken. Die Paprikaschote putzen, innen und außen waschen und in schmale Streifen schneiden. Alles mit dem Olivenöl und dem Hackfleisch in einer Schüssel mischen und abgedeckt bei 800 Watt für 3 Minuten garen. Dabei zweimal herausnehmen und das Hackfleisch mit einer Gabel zerdrücken.

2 Herausnehmen, Pizzatomaten unterrühren und die Mischung mit Salz, den Gewürzen und dem Kakaopulver verrühren. Abgedeckt bei 800 Watt weitere 3 Minuten garen. Dabei immer wieder mal umrühren und das Hackfleisch zerdrücken. Die Kidneybohnen in ein Sieb geben, abspülen und abtropfen lassen. Unter die Hackfleischmischung rühren und auf zwei Tassen aufteilen.

3 Nacheinander abgedeckt bei 800 Watt für 1 Minute in die Mikrowelle stellen. Ca. 5 Minuten ruhen lassen. Dann mit 1 Klecks saurer Sahne und Tortillafladen oder Reis servieren.

Tex-Mex auf die schnelle Art!

NUDELAUFLAUF
mit Lauch und Möhre

**Für 2 Tassen
à 360 ml**

2 Tl Butter
½ Stange Lauch
1 Möhre
100 g kurze Nudeln
100 ml Kochsahne
250 ml Gemüsebrühe
75 g Cheddar
Salz
Pfeffer

Zubereitungszeit: ca. 15 Minuten
(plus Garzeit)
Pro Tasse ca. 460 kcal/1926 kJ
18 g E, 24 g F, 41 g KH

1 Die Butter auf zwei Tassen verteilen und diese nacheinander bei 800 Watt für 30 Sekunden in die Mikrowelle stellen. Mit der flüssigen Butter die Tassen einfetten.

2 Den Lauch waschen, putzen, trocknen und in Ringe schneiden. Die Möhre waschen, schälen, putzen und in dünne Scheiben schneiden. Alles mit den Nudeln, der Sahne und der Gemüsebrühe in einer Schüssel mischen und abgedeckt bei 600 Watt für 15 Minuten garen. Dabei alle 3 Minuten umrühren. In der Zwischenzeit den Käse raspeln.

3 Die Nudelmischung herausnehmen, mit Salz und Pfeffer abschmecken, die Hälfte des Käses unterheben und die Mischung auf die Tassen verteilen.

4 Den restlichen Käse über die Tassen streuen. Diese abdecken und nacheinander bei 600 Watt weitere 5 Minuten garen. Danach herausnehmen und mindestens 5 Minuten ruhen lassen.

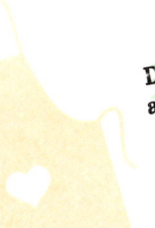

Das schmeckt auch Kindern!

GEMÜSEEINTOPF
mit Brät-Klößchen

**Für 2 Tassen
à 360 ml**

1 Zwiebel
1 mittelgroße Kartoffel
1 El Olivenöl
200 g TK-Suppengemüse-
mischung (Erbsen, Möhren,
grüne Bohnen, Blumenkohl)
200 ml Gemüsebrühe
Salz
Pfeffer
200 g Salsiccia mit Fenchel

Zubereitungszeit: ca. 25 Minuten
Pro Tasse ca. 429 kcal/1797 kJ
18 g E, 34 g F, 14 g KH

1 Die Zwiebel schälen und hacken. Die Kartoffel waschen, schälen und in sehr kleine Würfel schneiden. Beides in eine Schüssel geben und mit dem Olivenöl mischen. Abgedeckt bei 800 Watt für 2 Minuten garen.

2 Das TK-Gemüse zur Kartoffel-Zwiebel-Mischung geben und die Brühe hinzugießen. Die Mischung abgedeckt bei 800 Watt 3 Minuten garen. Die Mischung mit Salz und Pfeffer abschmecken.

3 Die Salsiccia aus der Pelle drücken und dabei kleine Klößchen formen. Den Eintopf und die Klößchen auf zwei Tassen verteilen. Nacheinander abgedeckt bei 800 Watt 3 Minuten garen, dabei zweimal umrühren.

Wärmend &
lecker!

GARNELEN-CURRY
mit Kokossauce

**Für 2 Tassen
à 360 ml**

50 g Zuckerschoten
1 grüne Paprikaschote
4 TK-Kaffir-Limettenblätter
2 Tl grüne Currypaste
250 ml Kokosmilch
200 g küchenfertige Riesen-
garnelen
½ Bund Koriander

Außerdem
Reis zum Servieren

Zubereitungszeit: ca. 20 Minuten
Pro Tasse ca. 284 kcal/1189 kJ
26 g E, 15 g F, 11 g KH

1 Die Zuckerschoten waschen, trocken tupfen und putzen. Die Paprikaschote putzen, innen und außen waschen und in kleine Würfel schneiden. Die Kaffir-Limettenblätter abspülen, trocken tupfen und in Streifen schneiden.

2 Die Currypaste in eine Schale geben und mit der Kokosmilch verrühren. Die Kaffir-Limettenblätter zugeben und alles abgedeckt bei 800 Watt für 3 Minuten garen. Das Gemüse hinzugeben. Erneut abdecken und weitere 3 Minuten garen. Dabei zweimal umrühren.

3 Die Mischung auf zwei Tassen aufteilen. Die Garnelen entdarmen, waschen und auf die Tassen verteilen. Abdeckt nacheinander bei 800 Watt 2 Minuten garen. Ca. 5 Minuten ruhen lassen.

4 Das Koriandergrün waschen, trocken tupfen und die Blättchen abzupfen. Die Hälfte unter die Currys rühren, die andere Hälfte darüberstreuen. Mit Reis servieren.

Köstlich
fernöstlich!

Leckere Sattmacher

PAPRIKATASSE
mit Fleischwurst

**Für 2 Tassen
à ca. 300 ml**

1 Zwiebel
1 Knoblauchzehe
2 El Olivenöl
je 1 kleine rote und grüne
Paprikaschote
100 g Pizzatomaten aus der
Dose
2 El Crème fraîche
Salz
Pfeffer
½ Tl Paprikapulver edelsüß
½ Tl getr. Oregano
150 g Fleischwurst am Stück

Außerdem
Reis oder Brot zum
Servieren

Zubereitungszeit: ca. 15 Minuten
(plus Garzeit)
Pro Tasse ca. 383 kcal/1602 kJ
13 g E, 34 g F, 7 g KH

1 Die Zwiebel und die Knoblauchzehe schälen und hacken. Mit dem Olivenöl in einer größeren Schüssel mischen. Abgedeckt bei 800 Watt 1 Minute 30 Sekunden in der Mikrowelle garen.

2 Die Paprikaschoten putzen, innen und außen waschen, trocken tupfen und in Scheiben schneiden. Mit den Pizzatomaten zu der Zwiebelmischung geben und abgedeckt bei 800 Watt 3 Minuten garen.

3 Crème fraîche unterrühren und alles mit Salz, Pfeffer, Paprikapulver und Oregano abschmecken. Die Mischung auf zwei Tassen verteilen.

4 Die Fleischwurst in Würfel schneiden. Unter die Gemüsemischung rühren. Abgedeckt nacheinander bei 600 Watt für 5 Minuten garen. Ca. 5 Minuten ruhen lassen. Mit Reis oder Brot servieren.

Das lieben
einfach alle!

GEFÜLLTE PAPRIKAS
mit Linsen und Feta

**Für 2 breite, hohe Tassen
à ca. 450 ml**

200 g Feta
1 Knoblauchzehe
½ Bund glatte Petersilie
2 El rote Linsen
150 g Kirschtomaten
3 El Olivenöl
Salz
Pfeffer
2 rote Paprikaschoten (die
vom Durchmesser in die
Tassen passen)
100 ml Gemüsebrühe

Zubereitungszeit: ca. 10 Minuten
(plus Zeit zum Ziehen und Garzeit)
Pro Tasse ca. 446 kcal/1868 kJ
22 g E, 35 g F, 12 g KH

1 Den Feta in einer Schüssel zerkrümeln. Die Knoblauchzehe schälen und hineinpressen. Die Petersilie waschen, trocken tupfen und die Blättchen hacken. Zum Feta geben. Dann die roten Linsen hinzugeben. Die Kirschtomaten waschen, putzen, vierteln und mit 2 Esslöffeln Olivenöl hinzugeben. Alles salzen, pfeffern und gut verrühren. Ca. 10 Minuten ziehen lassen.

2 Von den Paprikaschoten den Deckel abschneiden. Die Schoten vorsichtig innen putzen. Dann innen und außen waschen und trocken tupfen.

3 Mit ½ Esslöffel Öl beide Tassen einölen. Mit dem restlichen Öl die Paprikaschoten einpinseln. Die Feta-Linsen-Mischung in die Schoten füllen und die Paprika-Deckel wieder aufsetzen. Die Paprikaschoten in die Tassen setzen und jeweils die Hälfte der Gemüsebrühe hinzugießen. Die Tassen abdecken und nacheinander bei 800 Watt ca. 12 Minuten in der Mikrowelle garen.

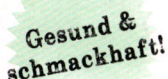

Gesund & schmackhaft!

Leckere Sattmacher

PANCETTA-RISOTTO
mit Pinienkernen

**Für 2 Tassen
à 300 ml**

2 Schalotten
3 El Butter
75 g Risotto-Reis
250 ml Gemüsebrühe
1 Tl Zitronensaft
75 g Pancetta
4 getrocknete Tomaten in Öl
30 g Parmesan
Salz
Pfeffer
40 g Pinienkerne

Außerdem
grüner Salat zum Servieren

Zubereitungszeit: ca. 15 Minuten
(plus Garzeit)
Pro Tasse ca. 514 kcal/ 2153 kJ
16 g E, 36 g F, 33 g KH

*Cremig, lecker,
unwiderstehlich!*

1 Die Schalotten schälen und hacken. 1 Esslöffel Butter in einer größeren Schüssel bei 800 Watt 30 Sekunden in die Mikrowelle stellen. Die Schalotten hinzurühren. Abgedeckt 2 weitere Minuten garen.

2 Den Reis mit der Gemüsebrühe und dem Zitronensaft hinzugeben. Alles verrühren, abdecken und bei 800 Watt 4 Minuten garen. Anschließend bei 600 Watt abgedeckt weitere 10 Minuten garen. Dabei immer mal wieder herausholen und umrühren.

3 Pancetta in schmale Streifen schneiden, die Tomaten hacken, den Parmesan reiben. Zusammen mit der restlichen Butter zum Risotto rühren. Mit Salz und Pfeffer abschmecken. Auf zwei Tassen verteilen und zusammen abgedeckt bei 600 Watt weitere 2 Minuten garen.

4 Die Pinienkerne in eine kleine Schale geben. Bei 800 Watt für 1 Minute in die Mikrowelle stellen. Umrühren und den Vorgang so oft wiederholen, bis die Pinienkerne goldbraun sind. Über die Tassen streuen und alles mit einem frischen Salat servieren.

LACHS
in Weißwein-Sauce

Für 2 Tassen
à 360 ml

1 Schalotte
2 Tl Butter
100 ml Sahne
1 Tl Speisestärke
50 ml Weißwein
1 Spritzer Zitronensaft
Salz
weißer Pfeffer
250 g Lachsfilet ohne Haut
½ Bund Dill

Außerdem
Reis oder Brot zum
Servieren

Zubereitungszeit: ca. 20 Minuten
Pro Tasse ca. 376 kcal/1575 kJ
44 g E, 28 g F, 5 g KH

1 Die Schalotte schälen und hacken. Die Butter in einer Schüssel 30 Sekunden bei 800 Watt erhitzen. Die Schalotte hinzugeben und offen bei 800 Watt 30 Sekunden garen. Die Sahne hinzugießen, den Weißwein mit der Speisestärke verrühren und unter die Sahne geben. Abgedeckt bei 800 Watt 3 Minuten garen.

2 Herausnehmen, mit Zitronensaft, Salz und Pfeffer würzen und die Mischung auf 2 Tassen verteilen.

3 Das Lachsfilet waschen, trocken tupfen und in Würfel schneiden. Unter die Sauce heben und die Tassen nacheinander abgedeckt bei 800 Watt 2 Minuten garen. Herausnehmen und ca. 5 Minuten ruhen lassen.

4 Den Dill waschen, trocken tupfen und die Blättchen hacken. Die Hälfte vorsichtig unter die Tassen heben, die andere Hälfte darüberstreuen. Mit Weißbrot oder Reis servieren.

Liebling der Redaktion!

HÄHNCHEN-HAPPEN
im Speckmantel

Für 2 Tassen
à 360 ml

200 g Hähnchenbrustfilet
Salz
Pfeffer
50 g durchwachsener Speck
in dünnen Scheiben
100 ml Geflügelbrühe
100 g Kräuterfrischkäse
100 ml Sahne
½ Tl scharfer Senf
1 Msp. gerebelter Oregano
4 Stängel glatte Petersilie
1 Tl Zitronensaft

Außerdem
Reis oder Nudeln zum
Servieren

Zubereitungszeit: ca. 30 Minuten
Pro Tasse ca. 603 kcal/2520 kJ
28 g E, 50 g F, 4 g KH

1 Das Hähnchenbrustfilet waschen, trocken tupfen und in mundgerechte Stücke schneiden. Vorsichtig salzen, denn der Speck ist schon salzig und kräftig pfeffern.

2 Die Speckscheiben nochmals längs halbieren und die Hühnerbruststücke damit umwickeln. Die Geflügelbrühe in eine flache Schüssel geben und die Hühnerbruststücke nebeneinander hineinsetzen. Abgedeckt bei 800 Watt für 3 Minuten garen.

3 Den Kräuterfrischkäse mit Sahne, Senf und Oregano verquirlen. Auf zwei Tassen verteilen. Die Hühnerbruststücke mitsamt dem Sud ebenfalls darauf verteilen. Petersilie waschen, trocken tupfen und die Blättchen hacken. Unter die Mischung heben.

4 Die Tassen nacheinander abgedeckt bei 800 Watt weitere 2 Minuten garen. Herausnehmen und mindestens 5 Minuten ruhen lassen. Mit etwas Zitronensaft, Salz und Pfeffer abschmecken und mit Reis oder Nudeln servieren.

Leckerbissen
für Groß & Klein!

Thailändische
CHICKEN MUG

**Für 2 Tassen
à 360 ml**

200 g Hähnchenbrust
½ rote Chilischote
1 Knoblauchzehe
1 cm Ingwer
2 TK-Kaffir-Limettenblätter
3 El Sojasauce
200 g Ananas aus der Dose
20 grüne Bohnen
50 ml Hühnerbrühe
½ Tl Speisestärke
40 g Erdnüsse, ungesalzen
Salz

Außerdem
Sesamöl zum Einfetten
Reis zum Servieren

Zubereitungszeit: ca. 25 Minuten
(plus Zeit zum Ziehen)
Pro Tasse ca. 311 kcal/1302 kJ
30 g E, 11 g F, 24 g KH

*Aromatisch
& exotisch!*

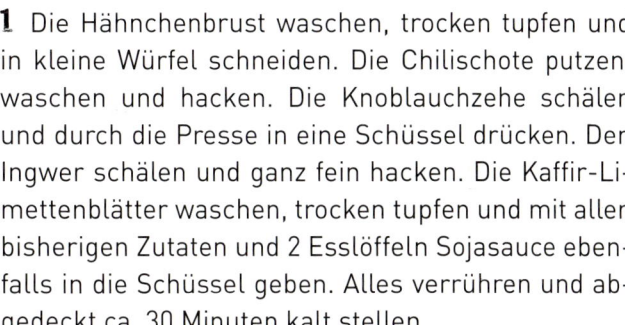

1 Die Hähnchenbrust waschen, trocken tupfen und in kleine Würfel schneiden. Die Chilischote putzen, waschen und hacken. Die Knoblauchzehe schälen und durch die Presse in eine Schüssel drücken. Den Ingwer schälen und ganz fein hacken. Die Kaffir-Limettenblätter waschen, trocken tupfen und mit allen bisherigen Zutaten und 2 Esslöffeln Sojasauce ebenfalls in die Schüssel geben. Alles verrühren und abgedeckt ca. 30 Minuten kalt stellen.

2 Die Ananas in ein Sieb abgießen, den Saft dabei auffangen und das Fruchtfleisch in kleine Stücke schneiden. Die Bohnen waschen, putzen und in ca. 3 cm lange Stücke schneiden. Mit der Hühnerbrühe in einer Schale abgedeckt bei 800 Watt 5 Minuten garen.

3 Die Hähnchenbrustmischung zu den Bohnen geben. Mit 2 Esslöffeln Ananassaft verrühren. Abdecken und bei 600 Watt weitere 2 Minuten 30 Sekunden garen. Die Ananasstücke unterrühren. Die Stärke mit je 1 Esslöffel Sojasauce und Wasser glatt rühren. Mit den Erdnüssen mit den anderen Zutaten verrühren.

4 Zwei Tassen mit Sesamöl einfetten. Die Mischung auf die Tassen verteilen. Abdecken und nacheinander bei 600 Watt 3 Minuten garen. Mit Salz abschmecken und mit Reis servieren.

LAMMHACKBÄLLCHEN
in pikanter Sauce

**Für 2 Tassen
à 360 ml**

2 Schalotten
1 Knoblauchzehe
1 El Olivenöl
1 kleine Zucchini
200 ml passierte Tomaten
Salz
Pfeffer
½ Tl Oregano
½ Tl Paprikapulver
rosenscharf
50 ml Hühnerbrühe
200 Lammhackfleisch
1 Tl scharfer Senf
1 Tl Ras el Hanout
1 Eigelb

Zubereitungszeit: ca. 25 Minuten
Pro Tasse ca. 338 kcal/1416 kJ
23 g E, 26 g F, 5 g KH

1 Die Schalotten und den Knoblauch schälen und fein hacken. Mit dem Olivenöl in eine Schüssel geben und abgedeckt bei 800 Watt 1 Minute 30 Sekunden garen. Die Hälfte davon für das Hackfleisch beiseitelegen.

2 Die Zucchini waschen, putzen und in kleine Würfel schneiden. Mit den passierten Tomaten zu der in der Schüssel verbliebenen Schalotten-Knoblauch-Mischung geben. Mit Salz und Pfeffer würzen, Oregano, Paprikapulver und Hühnerbrühe hinzugeben. Alles gut verrühren und abgedeckt bei 800 Watt 3 Minuten garen.

3 Die Mischung auf zwei Tassen aufteilen. Das Lammhackfleisch mit der beiseitegelegten Schalotten-Knoblauch-Mischung, dem Senf, Ras el Hanout, dem Eigelb und etwas Salz und Pfeffer verkneten. Kleine Bällchen formen und auf die Tassen verteilen. Die Tassen abgedeckt bei 800 Watt für 3 Minuten in der Mikrowelle garen. Herausnehmen und vor dem Servieren noch ca. 5 Minuten ruhen lassen. Mit Brot oder Reis servieren.

Deftig & sehr aromatisch!

DEFTIGER HACKBRATEN
mit Salat

**Für 2 Tassen
à 250 ml**

Für den Hackbraten
1 Zwiebel
3 Tl Olivenöl
6 Stängel glatte Petersilie
250 g gemischtes Hack-
fleisch
1 Ei
½ Tl scharfer Senf
1 Tl Tomatenmark
Salz
Pfeffer
1 El Paniermehl

Für den Tomatensalat
500 g Kirschtomaten
2 Schalotten
1 Bund Basilikum
2 El Aceto balsamico
½ Tl Honigsenf
Salz
Pfeffer
4 El Olivenöl

Zubereitungszeit: ca. 25 Minuten
Pro Tasse ca. 564 kcal/2363 kJ
32 g E, 46 g F, 8 g KH

1 Die Zwiebel schälen und hacken. Mit 1 Teelöffel Öl in eine Schale geben und bei 800 Watt 30 Sekunden garen. Die Petersilie waschen, trocken tupfen und die Blättchen hacken. Mit dem Hackfleisch, Ei, Senf und Tomatenmark zur Zwiebel geben und alles verkneten. Salzen, pfeffern und das Paniermehl unterkneten.

2 Zwei Tassen mit dem restlichen Olivenöl einfetten. Die Hackfleischmischung darauf verteilen und festdrücken. Abdeckt nacheinander bei 800 Watt 5 Minuten garen. Dann die Abdeckungen entfernen und die Tassen mit eingeschalteter Grillfunktion zusammen weitere 7 Minuten garen. Die Tassen ca. 5 Minuten in der Mikrowelle ruhen lassen. Währenddessen den Salat zubereiten.

3 Die Tomaten waschen, trocknen und die Stielansätze entfernen. Das Fruchtfleisch vierteln. Die Schalotten schälen und in feine Ringe schneiden. Basilikum waschen, trocken tupfen und die Blättchen grob zerteilen. Aceto balsamico, Senf, Salz, Pfeffer und Olivenöl miteinander verquirlen. Alle Zutaten unterheben und auf Schälchen verteilen. Zum Hackbraten reichen.

NUDELAUFLAUF
mit Champignons und Erbsen

**Für 2 Tassen
à 360 ml**

50 g TK-Erbsen
100 g Champignons
1 Zwiebel
1 Knoblauchzehe
100 g Gabelspaghetti
200 ml passierte Tomaten
100 ml Sahne
50 ml Gemüsebrühe
Salz
Pfeffer
1 Msp. Oregano
1 Msp. Thymian
2 Zweige glatte Petersilie
50 g Mozzarella

Zubereitungszeit: ca. 10 Minuten
(plus Garzeit)
Pro Tasse ca. 433 kcal/1811 kJ
16 g E, 22 g F, 43 g KH

1 Die Erbsen in eine ausreichend große Schüssel geben. Die Champignons putzen, feucht abreiben und je nach Größe vierteln oder halbieren. Die Zwiebel und die Knoblauchzehe schälen und hacken. Alles zusammen mit den Gabelspaghetti, den passierten Tomaten, der Sahne und der Gemüsebrühe ebenfalls in die Schüssel geben.

2 Die Nudelmischung salzen, pfeffern und mit Oregano und Thymian würzen. Die Schüssel abdecken und bei 600 Watt für 15 Minuten in der Mikrowelle garen.

3 Die kochendheiße Mischung vorsichtig auf zwei Tassen verteilen. Mit etwas Wasser verdünnen, bis die Mischung schön cremig ist. Die Petersilie waschen, trocken tupfen und die Blättchen hacken. Unter die Mischung rühren. Den Mozzarella hacken und über die Tassen streuen. Die Tassen abdecken und nacheinander bei 600 Watt weitere 5 Minuten garen. Herausnehmen und ca. 5 Minuten ruhen lassen.

Yummy,
yummy!

Pikantes
TOMATEN-REISFLEISCH

**Für 2 Tassen
à 360 ml**

100 g Reis
150 ml Gemüsebrühe
100 ml passierte Tomaten
1 Zwiebel
1 Knoblauchzehe
1 rote Paprikaschote
100 g Hackfleisch
Salz
Pfeffer
Paprikapulver rosenscharf
½ Tl Oregano
2 Tl Olivenöl

Zubereitungszeit: ca. 15 Minuten
(plus Garzeit)
Pro Tasse ca. 329 kcal/1378 kJ
13 g E, 13 g F, 40 g KH

1 Den Reis mit der Gemüsebrühe und den passier-ten Tomaten in eine ausreichend große Schale ge-ben. Abgedeckt bei 800 Watt für 4 Minuten garen.

2 Zwiebel und Knoblauch schälen und hacken. Die Paprikaschote putzen, innen und außen waschen, trocken tupfen und in Streifen schneiden. Mit dem Hackfleisch vermengen und die Mischung mit Salz, Pfeffer, Paprikapulver und Oregano mischen. Auf ei-nen Teller krümeln und offen bei 800 Watt 5 Minuten garen. Nun die Mischung zum Reis rühren.

3 Zwei Tassen mit Olivenöl einfetten und das Reis-fleisch darauf verteilen. Bei 600 Watt nacheinander für 10 Minuten garen. Dabei zweimal herausnehmen und umrühren. Vor dem Servieren mindestens 5 Mi-nuten ruhen lassen.

So wenig Aufwand,
so viel Genuss!

SPAGHETTI
Carbonara

Für 2 Tassen
à 360 ml

100 g Spaghetti
Salz
1 El Butter
40 g Pancetta
1 Knoblauchzehe
200 ml Sahne
2 Eier
weißer Pfeffer

Außerdem
Parmesan zum Bestreuen

Zubereitungszeit: ca. 10 Minuten
(plus Garzeit)
Pro Tasse ca. 456 kcal/1910 kJ
15 g E, 43 g F, 5 g KH

1 Die Spaghetti in kleine Stücke brechen und in eine größere Schüssel geben. Wasser im Wasserkocher aufkochen und mit etwas Salz zu den Nudeln gießen, sodass diese vollständig bedeckt sind. Abgedeckt bei 800 Watt 15 Minuten garen, dabei die Schüssel vorsichtig zweimal herausnehmen und umrühren. Bei Bedarf etwas Wasser nachgießen. Die Spaghetti in ein Sieb abgießen.

2 Die Butter in einer Schale bei 800 Watt 30 Sekunden erhitzen. Den Pancetta in schmale Streifen schneiden. Den Knoblauch schälen und ganz fein hacken. Beides zur Butter geben und abgedeckt bei 800 Watt 30 Sekunden erhitzen. Die Sahne und die Eier hinzurühren und alles mit Salz und Pfeffer würzen. Dann die Spaghetti unterrühren.

3 Die Mischung auf Tassen verteilen. Diese nacheinander abgedeckt bei 800 Watt 2 Minuten garen, dabei zweimal herausholen und umrühren. Mit Parmesan bestreut servieren.

Klassiker
mal anders.

SCHINKEN-NUDEL-
Auflauf

**Für 2 Tassen
à 360 ml**

100 g Gabelspaghetti
Salz
50 g gekochter Schinken
1 kleine Stange Lauch
50 g Gouda
200 ml Kochsahne (10 %)
1 Ei
Pfeffer
1 Tl Butter

Zubereitungszeit: ca. 25 Minuten
Pro Tasse ca. 510 kcal/2136 kJ
25 g E, 26 g F, 43 g KH

1 Die Gabelspaghetti in eine ausreichend große Schüssel geben. Mit kochendem Wasser übergießen und leicht salzen. Abgedeckt bei 600 Watt 15 Minuten garen. Bis zur weiteren Verwendung in der Flüssigkeit ruhen lassen.

2 Vom Schinken den Fettrand entfernen und dann den Schinken würfeln. Lauch waschen, putzen und in kleine Würfel schneiden. Den Gouda reiben. Sahne mit Ei verquirlen. Die Spaghetti abgießen. Alle Zutaten bis auf 1 Esslöffel Gouda miteinander mischen und mit Salz und Pfeffer abschmecken.

3 Die Butter auf zwei Tassen aufteilen. Bei 800 Watt für 30 Sekunden in die Mikrowelle stellen. Die Tassen mit der flüssigen Butter einfetten. Die Nudelmischung darauf verteilen. Abgedeckt nacheinander bei 800 Watt 6 Minuten garen. Den Käse darüberstreuen und die Tassen offen zusammen bei 600 Watt weitere 4 Minuten garen. Vor dem Servieren noch ca. 5 Minuten in der Mikrowelle ruhen lassen.

Schmeckt auch mit Fleischwurst oder Tofu!

TOPPINGS - SÜSS & PIKANT

FRISCHKÄSE-FROSTING
mit Vanille

20 g weiche Butter
1 Päckchen Vanillezucker
10 g Puderzucker
50 g Frischkäse

1 Die weiche Butter mit dem Handrührgerät cremig rühren. Dann den Vanillezucker dazugeben und kurz weiterquirlen. Den Puderzucker und den Frischkäse hinzugeben und alles glatt verquirlen.

2 Das Frosting entweder mit dem Messer auf den Mug Cakes verteilen oder in einen Spritzbeutel füllen und dekorativ auf die Mug Cakes spritzen.

FRISCHKÄSE-ZITRUS-FROSTING

Wie oben beschrieben die Butter cremig rühren. Den Puderzucker und den Frischkäse hinzugeben und alles miteinander glatt verquirlen. Zum Schluss Zitronensaft und Zitronenschale darunterquirlen.

Für 2
Mug Cakes

20 g weiche Butter
30 g Puderzucker
50 g Frischkäse
1 Tl Zitronensaft
1/2 Tl abgeriebene Schale
von 1 unbehandelten Zitrone

Zubereitungszeit: ca. 10 Minuten
Pro Tasse ca. 279 kcal/1172 kJ
16 g E, 15 g F, 22 g KH

Zum
Vernaschen!

ICING
mit Holunderblüten

Für 2
Mug Cakes

1 Eiweiß
50 g Zucker
1 kleine Prise Salz
1 sehr kleine Prise Wein-
stein-Backpulver
2 El Holunderblütensirup

Zubereitungszeit: ca. 15 Minuten
Pro Tasse ca. 283 kcal/1189 kJ
10 g E, 17 g F, 22 g KH

1 Das Eiweiß mit dem Zucker, dem Salz und dem Weinstein-Backpulver in eine Metallschüssel geben. Im heißen Wasserbad ca. 3 Minuten aufschlagen.

2 Aus dem Wasserbad nehmen und ca. 7 Minuten weiterschlagen, bis sich glänzende, steife Spitzen bilden und die Masse wieder kalt ist. Zum Schluss den Holunderblütensirup unterrühren.

3 Das Icing mit einem Löffel auf den vollständig erkalteten Mug Cakes verteilen. Besonders hübsch sieht es aus, wenn Spitzen hochgezogen werden.

VARIATIONEN

Sehr lecker schmeckt das Icing auch, wenn andere Zutaten untergehoben werden.

Probieren Sie, je nach Geschmack und Mug-Cake-Sorte, auch einmal

- 20 g getrocknete Cranberrys, die statt des Holunderblütensirups untergehoben werden.

- andere Sirupsorten, zum Beispiel schwarzen Johannisbeer- oder Vanillesirup.

- 40 g frische Beeren, z. B. Johannisbeeren, Himbeeren oder Heidelbeeren.

Sooo leicht, sooo lecker!

Toppings

MASCARPONE-
Schäumchen

Für 2
Mug Cakes

1 ganz frisches Eigelb
10 g Zucker
50 g Mascarpone
1/2 Tl Zitronensaft

Zubereitungszeit: ca. 15 Minuten
Pro Tasse ca. 393 kcal/1650 kJ
17 g E, 24 g F, 27 g KH

1 Das Eigelb mit dem Zucker in ein Rührgefäß geben und mit dem Handrührgerät dick-schaumig aufschlagen. Den Mascarpone und den Zitronensaft hinzufügen und mit dem Schneebesen unterrühren.

2 Einen Klecks des Mascarpone-Schaums auf jeden Mug Cake geben und den Rest in einer Schale dazureichen.

TIPP

Noch schaumiger wird die Masse, wenn Sie auch das Eiweiß hinzunehmen. Bereiten Sie hierfür die Creme wie oben beschrieben zu. Anschließend das Eiweiß mit 1 Prise Salz anschlagen. 10 g Zucker hinzurieseln lassen und die Masse steif schlagen. Unter die Mascarponecreme heben.

Verliebt in
Mascarpone!

GANACHE
mit Variationen

**Für 2
Mug Cakes**

30 g Zartbitterschokolade
30 ml Sahne

Zubereitungszeit: ca. 10 Minuten
Pro Tasse ca. 257 kcal/1079 kJ
11 g E, 20 g F, 9 g KH

**Lieblinge der
Redaktion!**

1 Die Zartbitterschokolade hacken oder reiben. Die Sahne in ein Rührgefäß geben und für ca. 1 Minute bei 800 Watt in die Mikrowelle stellen. Die Schokolade in die kochend heiße Sahne geben und 1 Minute stehen lassen. Dann glatt verrühren und kalt stellen.

2 Sobald die Mischung kalt ist, mit dem Handrührgerät aufschlagen, bis sie die gewünschte Konsistenz hat und spritzbar ist.

VARIATIONEN

Dieses Grundrezept lässt sich vielfach variieren. Hier einige Beispiele:

• Statt der Zartbitterschokolade Vollmilchschokolade oder die doppelte Menge weiße Schokolade verwenden.

• Unter die aufgeschlagene Ganache 1 Teelöffel gemahlene Haselnüsse, Mandeln oder Kokosraspel rühren.

• Mit einem 3/4 Teelöffel löslichem Espressopulver aromatisieren. Dieses wird noch vor der Schokolade in die heiße Sahne gegeben und darin aufgelöst.

• Lecker schmecken auch hier untergehobene Beeren, besonders Himbeeren und Blaubeeren.

Amerikanische
BUTTERCREME

Für 2
Mug Cakes

30 g weiche Butter
¼ Vanilleschote
50 g Puderzucker
Lebensmittelfarbe nach
Belieben

Zubereitungszeit: ca. 10 Minuten
Pro Tasse ca. 305 kcal/1283 kJ
11 g E, 21 g F, 19 g KH

*Kleine Törtchen
ganz groß!*

1 Die weiche Butter in ein Rührgefäß geben. Die Vanilleschote längs aufschneiden, das Mark herausschaben und zur Butter geben. Den Puderzucker in ein Sieb geben und über die Buttermischung sieben.

2 Die Mischung erst langsam, dann stark verquirlen. Währenddessen 1/2 Teelöffel warmes Wasser dazugeben und ein kleines bisschen Lebensmittelfarbe nach Belieben.

VARIATIONEN

- Statt des warmen Wassers 1 Teelöffel Likör oder Sirup, z.B. Eierlikör, Orangenlikör, Kaffeelikör oder Zitronensirup zugeben. Genauso wie das Wasser sollte jedoch auch diese Flüssigkeit lauwarm sein. So verbindet sie sich gut mit der Buttercreme.

- Etwas abgeriebene Schale von 1 unbehandelten Zitrone oder Orange einfach unter die fertige Buttercreme rühren.

- 2 Tropfen Rumaroma, Butteraroma oder 1 kleine Prise Zimt unterrühren.

Toppings

GRÜNES TOPPING
mit Erbsen

Für 2
Mug Cakes

50 g TK-Erbsen
Salz
1 Msp. Bohnenkraut
2 Stängel Minze
1 El Olivenöl
2 El saure Sahne
1 Spritzer Zitronensaft
Pfeffer

Zubereitungszeit: ca. 10 Minuten
Pro Portion ca. 95 kcal/399 kJ
2 g E, 8 g F, 4 g KH

1 Die Erbsen auftauen lassen und in etwas Salzwasser mit dem Bohnenkraut ca. 10 Minuten gar kochen. Dann abgießen. Die Minze waschen, trocken tupfen und die Blättchen hacken.

2 Erbsen, Minze, Olivenöl und saure Sahne glatt pürieren. Mit Zitronensaft, Salz und Pfeffer pikant abschmecken.

VARIATIONEN

Dieses Rezept lässt sich wunderbar variieren und geschmacklich auf den jeweiligen Mug Cake abstimmen. Hier drei weitere Vorschläge:

- Besonders herzhaft wird das Topping mit 1 Esslöffel untergehobenen Speckwürfeln, die vorher in einer Pfanne ohne Fett knusprig ausgelassen wurden.

- Besonders schaumig-samtig wird das Topping, wenn Sie statt der sauren Sahne 2 Esslöffel geschlagene Sahne unterheben.

- Mit 1 Prise Kreuzkümmel, 1 Teelöffel Tahin und 1 Prise Chili bekommt das Dressing eine orientalische Note.

Gesund und voller Aroma!

SCHAFSKÄSECREME
mit Variationen

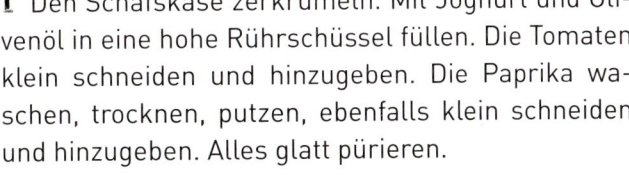

Für 2
Mug Cakes

75 g Schafskäse
2 El Joghurt
1 El Olivenöl
3 getrocknete Tomaten in Öl
30 g rote Paprika
Salz
Pfeffer
Thymian
Paprikapulver edelsüß

Zubereitungszeit: ca. 5 Minuten
Pro Portion ca. 144 kcal/605 kJ
7 g E, 12 g F, 2 g KH

1 Den Schafskäse zerkrümeln. Mit Joghurt und Olivenöl in eine hohe Rührschüssel füllen. Die Tomaten klein schneiden und hinzugeben. Die Paprika waschen, trocknen, putzen, ebenfalls klein schneiden und hinzugeben. Alles glatt pürieren.

2 Die Creme mit Salz, Pfeffer, etwas Thymian und Paprikapulver abschmecken. In Nocken auf den Mug Cakes verteilen und was übrig bleibt in einem Schälchen dazu servieren.

VARIATIONEN

• Bereiten Sie die Creme auch einmal ohne Tomaten und Paprika zu, stattdessen pürieren Sie etwas Gurke mit und pressen 1/3 Knoblauchzehe hinzu. Würzen Sie diese helle Creme mit Salz und Pfeffer und rühren Sie nach Belieben klein gehackte Kräuter wie Petersilie, Schnittlauch oder Basilikum unter.

• Scharf wird die Creme, wenn Sie etwas Sambal Oelek unterrühren oder etwas Cayennepfeffer.

• Besonders cremig-mild wird die Creme, wenn Sie den Schafskäse mit etwas Crème fraîche oder Crème légère pürieren.

Yummy, yummy!

THUNFISCHCREME
mit Kapern

**Für 2
Mug Cakes**

1 Dose Thunfisch (im eige-nen
Saft, Abtropfgewicht 150 g)
100 g Frischkäse
1 kleine Schalotte
1 Spritzer Zitronensaft
1 El Kapern
2 Stängel Basilikum
Salz
Pfeffer

Zubereitungszeit: ca. 5 Minuten
Pro Portion ca. 158 kcal/666 kJ
9 g E, 13 g F, 2 g KH

**Ein Hauch
Italien!**

1 Den Thunfisch abgießen und in ein Püriergefäß geben. Den Frischkäse hinzugeben. Die Schalotte schälen, würfeln und mit dem Zitronensaft ebenfalls hinzugeben. Alles nicht zu fein pürieren.

2 Die Kapern auf Küchenkrepp trocken tupfen, das Basilikum waschen, trocknen und die Blättchen ha-cken. Beides unter die Creme rühren und mit Salz und Pfeffer pikant abschmecken.

3 Auf den Mug Cakes anrichten und den Rest dazu reichen oder mit Gemüsesticks dippen.

VARIATIONEN

• Je nach Geschmack können Sie auch noch 1 einge-legtes Sardellenfilet mitpürieren.

• Zusätzliche Schärfe bringt etwas Cayennepfeffer oder scharfes Paprikapulver.

• Sie haben 1 reife Avocado? Auch sie kann mitpü-riert werden. Geben Sie dann etwas mehr Zitronen-saft in die Creme und reduzieren Sie den Frischkä-seanteil.

• Sehr lecker schmeckt auch 50 g Salatcreme, die statt 50 g Frischkäse mitpüriert wird.

ZIEGENKÄSECREME
mit Honig

Für 2
Mug Cakes

50 g Ziegenfrischkäse
2 El Milch
2 Tl flüssiger Honig
1 Spritzer Zitronensaft
25 g geschlagene Sahne
Salz
Pfeffer

Zubereitungszeit: ca. 5 Minuten
Pro Portion ca. 139 kcal/586 kJ
3 g E, 12 g F, 4 g KH

Der pure Genuss!

1 Den Ziegenfrischkäse mit der Milch, dem Honig und dem Zitronensaft verquirlen. Die Sahne unterheben. Die Creme mit Salz und Pfeffer pikant abschmecken.

2 In einen Spritzbeutel füllen und dekorativ auf den Mug Cakes verteilen. Die restliche Creme getrennt dazu reichen.

VARIATIONEN

- Setzen Sie mit Kräutern geschmackliche Akzente: Je nach Mug Cake und Vorratslage können Sie neben frisch gehackter Petersilie und Schnittlauchringen auch wunderbar gehackten Dill oder gehacktes Basilikum unterheben. Auch Minze passt sehr gut. Damit die Creme dann nicht zu herb wird, können Sie sie zum Schluss noch mit etwas Honig beträufeln.

- Statt der geschlagenen Sahne können Sie selbstverständlich auch Joghurt oder saure Sahne unterrühren.

AIOLI
mit Variationen

Für 4
Mug Cakes

100 ml zimmerwarmes
Olivenöl
1 Tl Senf
1 kleine Knoblauchzehe
1 zimmerwarmes Ei
1 Tl Zitronensaft
Salz
Pfeffer

Zubereitungszeit: ca. 5 Minuten
Pro Portion ca. 244 kcal/1025 kJ
2 g E, 27 g F, 0 g KH

Absoluter Klassiker!

1 Das Olivenöl mit dem Senf und der Knoblauchzehe in ein hohes Püriergefäß geben und glatt pürieren. Das Ei hinzugeben. Dieses sinkt auf den Grund des Gefäßes. Nun den Pürierstab ganz nach unten halten und alles pürieren. Dabei den Stab nur ganz langsam nach oben ziehen. Zum Schluss den Zitronensaft unterrühren und alles mit Salz und Pfeffer abschmecken.

2 1 kleinen Klecks auf die Mug Cakes geben und den Rest in einem Schälchen dazu reichen.

VARIATIONEN

• Sie mögen kein rohes Ei? Oder haben keines zur Hand? Bereiten Sie die Aioli einfach mit Milch zu! Geben Sie die oben angegebene Menge von Öl, Knoblauch und Senf zusammen mit 40 ml Vollmilch in das Püriergefäß und pürieren Sie alles so lange, bis die gewünschte Konsistenz erreicht ist. Dann wie oben beschrieben mit Zitronensaft, Salz und Pfeffer abschmecken.

• Sehr lecker schmecken natürlich auch untergerührte frische Kräuter, die Sie je nach Geschmack und Mug Cake aussuchen.

REGISTER

REGISTER

Illustrationen:
Fotolia.com: alle Illustrationen (© olga_milagros), Aquarellfond (© Roman Sigaev),
Kartonstruktur (© tashka2000)